心一堂術數古籍珍本叢刊

書名：蔣大鴻嫡傳水龍經注解 附 虛白廬藏珍本水龍經四種（九）
系列：心一堂術數古籍珍本叢刊 第二輯 堪輿類 蔣徒張仲馨三元真傳系列 195
作者：【清】蔣大鴻編訂、【清】楊臥雲、汪云吾、劉樂山註
主編、責任編輯：陳劍聰
心一堂術數古籍珍本叢刊編校小組：陳劍聰 素聞 梁松盛 鄒偉才 虛白盧主

出版：心一堂有限公司
地址／門市：香港九龍旺角西洋菜南街五號好望角大廈一〇〇三室
電話號碼：+852-6715-0840 +852-6633-7949
網址：sunyata.cc
publish.sunyata.cc
電郵：sunyatabook@gmail.com
網上書店：http://book.sunyata.cc
網上論壇：http://bbs.sunyata.cc/

版次：二零一七年七月初版
平裝：十冊不分售

定價：港幣 二千八百元正
新台幣 一萬零八百元正

國際書號：ISBN 978-988-8317-46-2

香港及海外發行：香港聯合書刊物流有限公司
地址：香港新界大埔汀麗路三十六號中華商務印刷大廈三樓
電話號碼：+852-2150-2100
傳真號碼：+852-2407-3062
電郵：info@suplogistics.com.hk

台灣發行：秀威資訊科技股份有限公司
地址：台灣台北市內湖區瑞光路七十六巷六十五號一樓
電話號碼：+886-2-2796-3638
傳真號碼：+886-2-2796-1377
網絡書店：www.bodbooks.com.tw
台灣讀者服務中心：國家書店
地址：台灣台北市中山區松江路二〇九號一樓
電話號碼：+886-2-2518-0207
傳真號碼：+886-2-2518-0778
網絡書店：http://www.govbooks.com.tw/

中國大陸發行・零售：心一堂書店
深圳地址：中國深圳羅湖立新路六號東門博雅負一層零零八號
電話號碼：+86-755-8222-4934
北京地址：中國北京東城區雍和宮大街四十號
心一店淘寶網：http://sunyatacc.taobao.com

水龍經序

自鴻濛開闢以來山水為乾坤二大神器並雄於天壤之間一陰一陽一剛一柔一峙一流如天覆地載日旦月暮各司一職後世言地之家罔識厥理知山之為龍而不知水之為龍即有高談水法者莫不以山為之體而水為之用至比之兵之聽令乎將婦之效順乎夫於是山之名獨尊而水之權少絀遂使平洋水局之地置水龍之真機而傳會山龍之妄說舉世昏昏有若聾瞶此非曾楊以還未晰此義也古人不云乎行到平洋不問蹤只看水遶是真龍又云平洋大地無龍虎漭漭歸何處東

西只取水為龍扦着出三公其言之曉暢條達彰彰在人耳目間如是久矣人自不之察耳至其裁制之格法實鮮專書發揮未備卒使學者有同面墻無徑可入推原其故豈不以山之結構有定而水之運用無窮世人若知水龍作法盡大地山河隨所指顧咸可握神機參造化故引而不發為天地惜此秘奧耳高高在上哀此下民亦欲使千古不傳之緒宣露一時假 階下愚發抒要妙為後此通人彥士執鑾前驅乃因無極之傳盡泄楊公之訣於是 階乃蕩然大闢其旨以山龍屬高山以水龍屬平壤二法判分不憚大聲疾呼以正告天下有識之士間亦信

之從來迷謬茲焉洞豁階竊自懼其遭逢之大幸恐冒陰陽之忌何敢貪天之功以為己力也始階初得師傳時既知有水龍之法矣而求之今古成迹茫無考據及得幕講禪師玉鏡正經千里眼諸書而後入穴玄機若合符契未幾又得水龍經若干篇乃歎平洋龍法未嘗無書但先賢珍重不肯浪洩於世耳因無刊本間有字句之訛用加校讐詮次成書編成五卷一卷明行龍結穴大體枝幹相乘之法二卷明五星正變穴體吉凶審辨之法三卷述水龍上應星垣諸大格四卷指水龍托物比類之象五卷義同二卷而縱橫言之一二四卷得之吳天柱先生

家秘本

三卷得之乍浦方家。五卷最後得之我郡。夫是五者。或有作者姓名。或失其姓名。其言各擅精義。互見得失。合而觀之。則水龍軌度。無餘蘊矣。以此水龍為體。而後施之以三元九宮。乘氣作用。譬之大匠。水龍者。楩楠杞梓。而三元九宮。其方圓繩墨也。譬之丹家。水龍者。鼎器藥物。而三元九宮。其卦爻火候也。名林未摎。公輸無所施其巧。鉛汞不備。伯陽無以運其神。故天元心法亦云至矣。而是書又曷可少乎。經之為名。不可漫加。即其舊名因而不革。實可藏之金匱石室。與青囊狐首並垂不朽。後之學者。苟非有過人之福。天牖其衷。未獲覩此書也。希世之寶。惟有德也當之。尚其知敬也歟。尚其知懼也歟。

旹

天啟下元甲子又四十年歲次癸卯律中黃鍾後學杜陵中陽

子蔣平階大鴻氏題於丹陽之水精菴

家秘本

氣機妙運論

原本不著姓名

太始惟一氣耳。究其所先。莫先乎水。水中滓濁。積而成土。水土震蕩。水落土出。遂成山川。是以山川有波浪之勢焉。經云氣者水之母。水者氣之子。氣行則水行。水止則氣止。子母同情。水氣相逐。猶影之隨形。夫氣一也。溢於地外而有迹者為水。行於地中而無形者為氣。水其表也。氣其裏也。表裏同運。內外同情。此造化自然之妙用。而欲知地中之氣趨東趨西。即其水之或去或來。可以概知之矣。故曰善觀氣機之用者觀諸水。川上之歎。可以見宣聖見道之情焉。蓋水之行。即氣之行。水之止。即氣之止。察水之所來。於以知氣之出身。審水之所止。於以知氣之結作。經曰、外氣行形。內氣止生。又曰、形止氣蓄。萬物化生。旨哉斯言乎。且夫天地之氣。陰與陽而已。易曰、一陰一陽之謂道。又曰、陰陽互藏其宅。動靜互為其根。陰陽相禪。萬物化醇。郭子有曰、獨陽不長。獨陰不成。陰陽合德而生成之功備。故山脉之峙。水脉之流。分而言之。則山者陰也。水者陽也。合而言之。則有質者陰也。無形者陽也。然陽非陰則無以依附。陰非陽則無以發生。故外氣與內氣相合。二氣相盪而成物。猶夫婦交媾而成生育之功也。陽以蓄陰。陰以含陽。即雌雄相會。牝牡交媾之情也。故

家秘本

曰陰陽相見。福祿永貞。沖陽和陰。萬物化生。此天地自然之化機也。合之則渾沌之體。即萬物統體一太極之妙用。分之則隨物付物。又萬物各具一太極之玄奧也。知太極之理。則可與語化。機之妙。知化機之妙。則可與論形氣之學矣。

此篇畧見大意故存之外有自然水法論自然水法歌各一篇中多舛謬處故削除之恐留以滋害也 後覺子

家秘本

水龍第一卷總論

此卷專明水龍枝幹之理蓋以通流大水為行龍而謂之幹以溝渠小水為劃界而謂之枝穴法取枝不取幹猶之高山起祖重岩疊嶂之中反無真結而老龍發出嫩枝始有結作也篇中主意常以幹龍遶抱取外氣形局而以枝龍止息交會取內氣孕育其於水龍之理論之特為美備蓋大江大河雖有灣抱其氣曠渺與墓宅不親斷難下手須於旁另有枝水作元辰遶抱成胎則化氣內生并大水之氣脈皆收攬而無餘斯大地矣予觀舊家名塚枝川小幹首尾通流其行曲折竟於轉處下龍腹

家秘本

迎秀立穴專主乎向尾坐首者也

坐向首尾

穴全無內堂界水亦得大發其小枝盡處或一水單纏或雙流界抱深藏婉麗毓秀鍾靈世家大族所在多有不必盡論外局其福力已不可限量似乎此書所論不可盡拘然小幹無枝其局雖大必須久而後應終難驟發枝龍無幹其效雖捷而氣盡易衰不能綿遠究不若枝幹相扶之地可希求旦夕之功亦可期代興之澤也然則此書之義其可廢而不察歟其所重在特朝之水迎秀立穴斯雖正論然必其逆入朝迎猶是一偏之論蓋水龍妙用只在流神曲秀生動化機自呈前後左右無往不宜順逆去來隨方協應以予所見尤以坐向首尾為駕馭有權

羽ミ是順

四字宜精察

至理

或左或右未免偏於公位耳若湖蕩龍法此書皆取衆砂環聚蓋即效山龍圖式眠倒星辰之說也果如所圖局法固大然予遍觀吳楚之間三江五湖巨浸多矣欲合此等圖式百無一遇今存此說會意云耳必欲按圖索驥求此等之地而葬之涉於愚矣要之湖蕩之脉亦當深明枝幹蓋大蕩即名大幹必須其旁又求枝水立穴而後發福可期若單取大蕩陽宅尚有歸收陰基（上要脉可接）必難承接其借外砂包裹亦即幹枝之法而變用之者也（以水為主而托之於砂）至於水龍作用全在八卦三元江湖河蕩其歸一也不精此義縱得合格大地未免求福而反受其禍則又乾坤之秘要聖哲

之傳心而非作此書者所能知也此書作者不著姓名大約近代人手筆其每篇立論未免尚存流俗之見於眞傳正訣尚隔一山予以枝幹之說爲水龍開卷第一義故即取其圖列之卷首若一一泥其說則於眞實際必反致河漢貴學者之善說書也大鴻氏筆記

水龍經條目

一是書五卷。予得之靖江羊子卧雲。今卷內凡標羊云者。即卧雲氏之評註也。

一第一卷。前有自然水法論歌二篇。又每圖各有原論一篇。予因其中多滅蠻之謬說。故悉削除不録。

一第一卷有詩四十首。皆蔣公所作。以評其圖者也。學者觀。其圖。尤當觀。其評。觀。其評。尤當觀。其序。與論。神機妙用。蘊蓄無窮。苟非哲士。孰能與於斯。

一是書各卷各圖。余久欲少加評註而未暇。及。我友汪子

云吾早於一二卷評註甚詳披閱之下實獲我心故盡錄之凡卷內書汪云者皆云吾氏之評註也

一是書內所註元運與評註內不書某云及硃筆所書則皆予所添入

後覺子筆

此詩即第一圖以例其餘

水龍經第一卷

凡詩皆蔣公所作

坤上来龍氣脉柔（柔言小曲）轉身却向巽方流
內無枝水来割界龍從清奇氣不收

汪云第五卷亦載此圖無枝水割界立穴向離蔣公詩云一龍之水兩頭交化作雙龍穴在腰將相王侯從此出嘗教裂土更分茅又註云水從坤方來至巽上去却不雜亂離乘真下元富貴上中兩元不吉愚謂此必有枝水割界故云雙龍穴場稱朝故云在腰也惜繪圖者未見及此

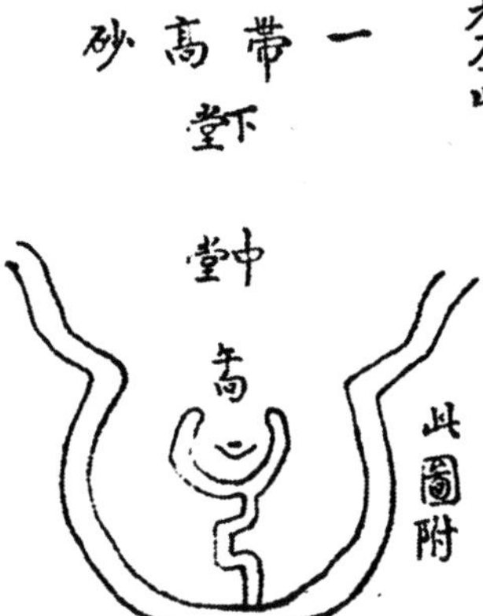

此圖附

幹水城垣格

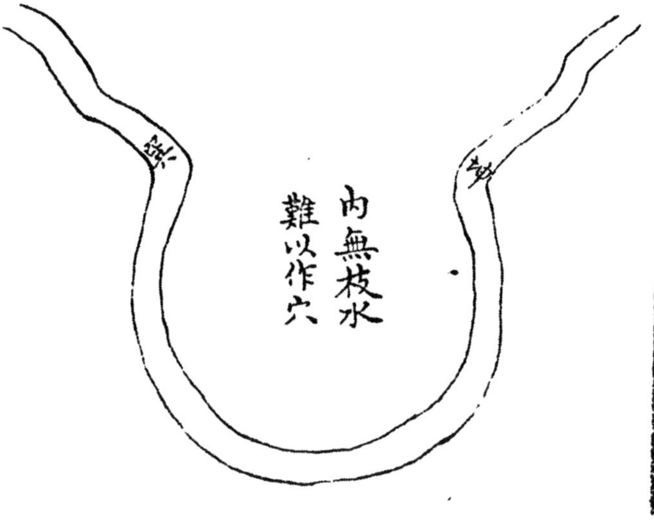

巽乾二水曲如龍。立穴中元瑞氣鍾。只。為。中。停。太。寬。廓。氣。不。収。來。加。不。雄。

此言陰基。須開小水。或引乾。或引巽。方可立穴。

一條巽水向乾流。不怕通衢氣不収。任是去來皆可宅。中元卿相坐當頭。

此言陽基。坐當頭。謂正當水之衝處也。

幹水散氣格 中元

凡元運皆後覺子所添

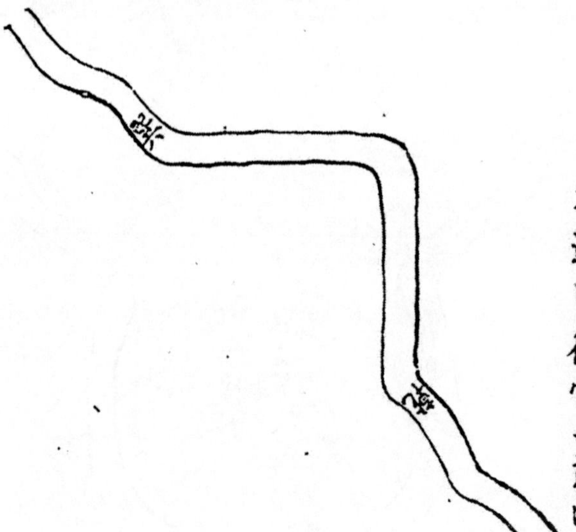

家秘本

龍而灣環雖氣鍾其間作穴照坤龍
下元穴此交乘旺一旦聲名達九重

汪云首二句局炁来脉俱已了然
羊云此等局勢縱踏遍九州亦無覓處然亦非三元不敗之局也
汪云無論陽宅陰基蔣公最重入首學者詳之

枝水交界格 下元

汪云原圖有漏溢之病特易之

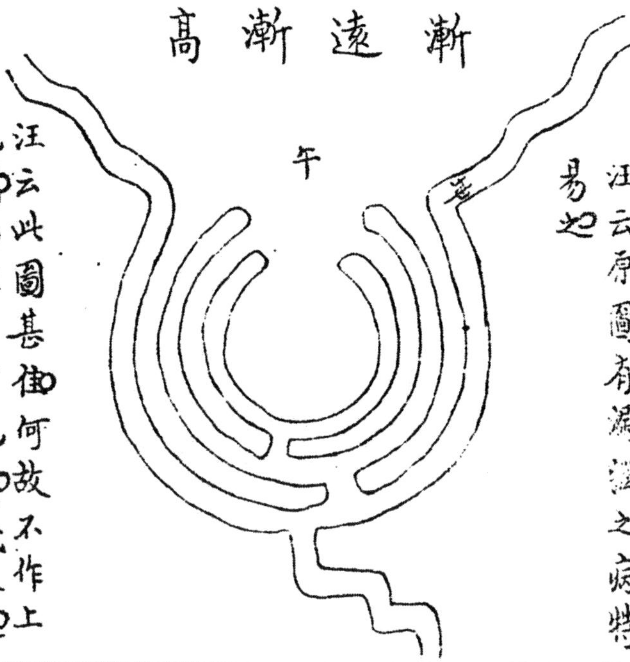

汪云此圖甚佳何故不作上元圖而但作下元圖試參之

離方小蕩聚天心，乾上來龍外氣清。到此結成多拱抱，三元常見福盈盈。

汪云：首二句明其為上中二元地。

羊云：此圖皆為聚水，獨離上水更大，自然三元不敗之大局也，豈以水從乾上來而獨旺於中元哉。

汪云：水從乾來從艮出，雖不入穴，然後抱亦得加外局的真乾巽脉，內局的真艮坤脉。財穴右水出於酉庚，便可從上元抑之。中元扦此穴亦當於穴後第二揷浜開至酉庚出，方為全局。據圖若在上元，乾坎煞合，又有乾上來龍助之，必害幼房并及次房，須就乾上開鑿至辛酉庚三位，方能化煞。此三字青囊經所謂鋤叛逆超神也，而詩中含蓄未露者也。

凡龍脉以骨為主，而位即因之；凡穴體以局為主，而骨亦從之。

枝水交界格 三元

艮脉短，又後揷是兌骨，必於乾頭開至兌庚方，是的真艮坤局。坎水既經剋制，則已化為艮水、乾水而已，以為離水之所歸，不必疑其犯煞也。

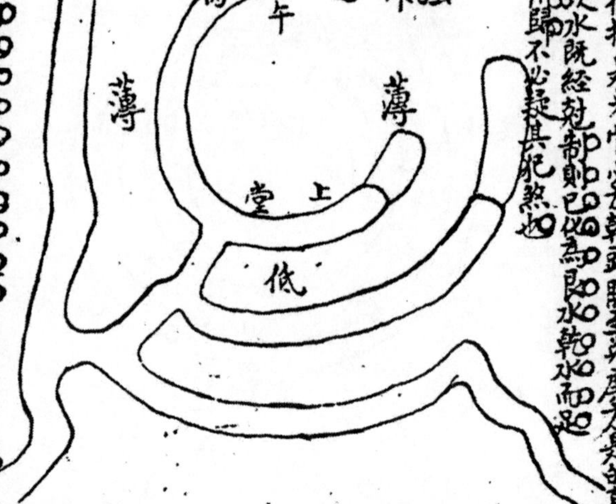

蕩水之脊難拘，觀其所抱而龍可定矣。非南水抱此，便無據依。

幹水亦微有相隨之勢。幹水亦不甚隨，若非枝水拱抱，多豈能結乎。

抱穴小水名金魚水

一水来纏插界多其間作穴更如何
坐離朝坎為上格白屋兒孫到六科

汪云有主必有輔穴前穴後皆當有水但須審其孰賓孰主孰強孰弱耳主強賓弱於主之旺元扦之百無一失此圖離水入穴坎水不入穴此賓主之所以分離水四層坎水二層此強弱之所以分也羊云坎上雖有水界却漸遠漸高氣從高下小水焉能界住哉汪云斯言亦是然須知天陽非坎水所能界地脈則甚取坎水為之界。羊又以前高後低為楊公看雌雄之另訣愚謂高低論前後不論雌雄〻高雌低騎龍可也雄低雌高攀龍可也。汪云內局貼穴金魚水北向是上元骨子穴右有向西北之水穴左有向東南之水是中元骨子其穴前穴後向西之水是下元骨子但內局來脈的真是即以明堂言之則離水四層坎水二層自脈上元是主而中下二元乃其輔弼也其貼穴左水止於乾位必中元扦之方為全吉

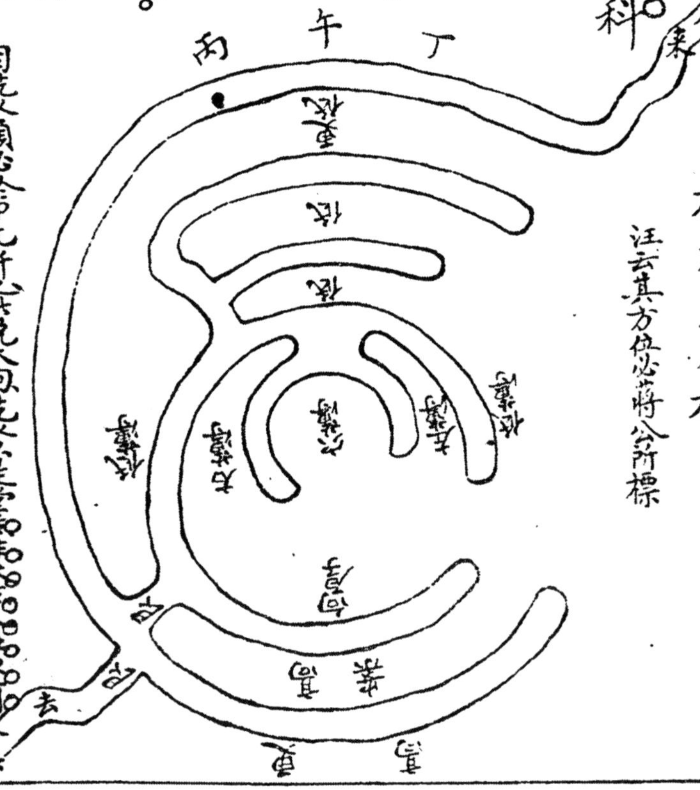

枝水交界格 三元

汪云其方位必蔣公所標

因乾水頭必於中元扦之此說太拘乾水只是堂氣非來氣又在穴前本無大礙況此水本為脈之氣為堂氣之主則乾水頭已受制不為煞且能清坎上局氣耳此天心尋十道之旨也

乾上分枝左右環。其間作穴要知難。
两分漏道怎回避。百步相離力始強。

羊云此局外氣不甚兜收。若但就此立穴。豈不是漏道在後乎。必枝水結作去漏道里許或百步之外方可用。據圖立亥山巳向。亦可發達。到得下元。一敗無存矣。若巽上砂從朝水立穴。可八十年富貴。

汪云合内外局觀之。下正一卦。本非善地。坐後又有漏腦之癖。若於中元扦之。卯上水頭微碍長房至下元卦水交。元成煞則又不可扦矣。卯上水頭有制。又在穴前無碍也。

枝水交界格 中元

家秘本

雖上有小蕩。又三折不雜。斷不以坤方來脉為嫡。蓋照云尋龍過系尋三節。又云三節不亂。是真龍。

此乾水頭在於穴後小房。必微有不足之處。此等圖如人身處室中背門而立。本非甚佳。蔣公特就原圖為之裁制也。

坤上來龍午上折。更兼小小蕩聚天心。左環右抱成龍局。立穴朝南富貴根。

羊云。此地須坎氣悠長百里或數十里。却不好漸遠漸低。又不好太高。穴後固要空曠悠長以來龍脉也。楊公曰。天下軍州總住空。何曾撑著後頭龍。則坐後不宜高可知矣。羊又云這一局雖說三元水之來口。到底夾雜。非全美也。

汪云。圖不書去來。而詩偏云坤上來龍者。以形勢求之也。坤有抱水。南有曲水。可知其為坤上來龍也。凡潮汐不至之地。當以此斷之。若果來於艮去於坤。則福力又不如矣。穴坐北不坐南者。以蕩小而南之漏泄太大也。羊謂坎系須長百里數十里。此海內必不可得之地。既云不可太低。又云不可太高。此依回未定之論。平淨則可。後低乃太極自脫之妙。與元運無涉。今謂攀龍必坐後悠長數百里。殆認局系為真龍矣。

曲水朝堂格 三元

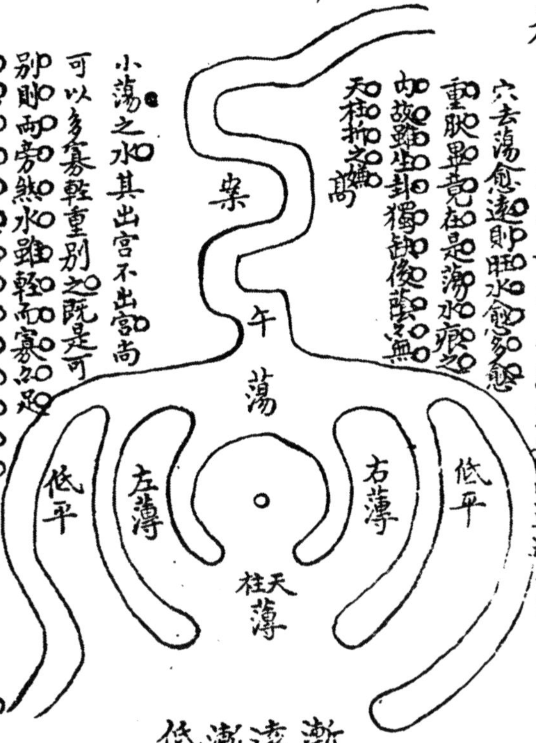

蕩水只看多少。其出宮不出宮。有多寡輕重之分。入口最貴需照。而兼看方位。其出宮不出宮。有親疎遠近之分。穴去蕩愈遠。則照水愈多愈重。然畢竟在是蕩水痕之內。故雖坐卦獨缺。後蔽之無。天柱抑之嫡高。

小蕩之水。其出宮不出宮。尚可以多寡輕重別之。既是可別。則兩旁然水雖輕而寡。不足慮也。得兩小枝抱穴而然。非所嫡矣。大蕩之出宮不出宮。決無多寡輕重之分。其水系禎散與案地一般。得一小枝曲入。則禎者聚。散者聚而結穴。可知矣。但入穴之系宜清純。故蕩水太抱宜向。不宜坐。必蕩外有高砂作案。方稱全美。

三陽丙午丁也其水三元不敗

曲水朝堂格 三元

三。陽。水。曲。一。宮。流。坎。上。高。砂。氣。脈。周。

立穴三〻元多福澤。兒孫世〻產公侯。

羊云若得艮上有邨落更妙。汪云惟下元艮上無村落為妙。

據圖三揷浜雖屬中元方位。而皆上元骨脈。即可於上元下之。天元歌云来情若在真元位。諸局参差一半輕是也。巽水送離水分来。離長巽短。旺能制煞。又巽水並不入穴。只是界住穴後之氣。兼鎖卯上城門。最合天心正運之旨。若由乾入之水。雖盡於丑寅。亦不可坐。以来情犯煞之故。

北斗七星去打劫。離宮要相合。此圖是也。

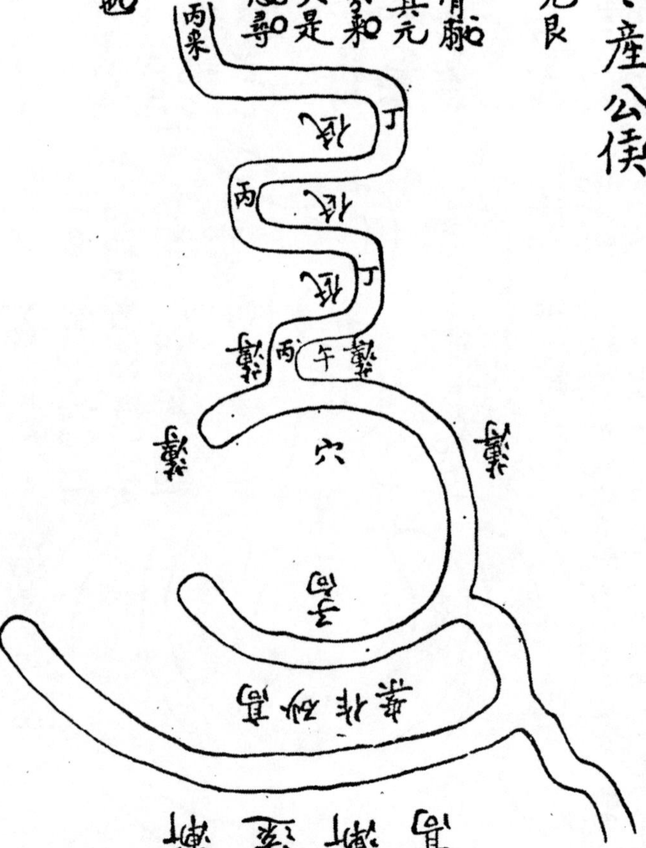

家秘本

曲水来朝大吉昌支流割界更嘉祥

要知立穴近西水方許三元福祿長

汪云此蔣公因圖缺挾龍故假此以明挾龍非上格也緣此圖旋繞作一二里看兩頭水灣曲甚大中間宗地散漫不能收之此必結穴扣枝水盡處西邊一小枝離水之趣脈長氣聚坎上有高砂為案立穴子向乃三元不敗之局若北邊一小枝立穴酉向則止於下元一發不足貴也

此水坎離一樣朝却逢坎上有高砂

坐空朝滿為上格官祿榮華化百家

此蔣公就本圖而定其為騎龍穴也不知一圖化作二圖而謂蔣公點穴亦有兩可之處可笑極矣

原本謂曲水至向前即繞左而去則長房獨發必繞右至坐後仍繞左而去然後長幼房俱發此圖曲水右泄而去小房不發後主遷移易姓汪云此所云左右就攀龍穴而言右水不合局不得謂小房不發也

曲水朝堂格 三元

坐後忌水沖腦若坐午而水口在丁則無嫡矣然非曲水亦當戒之○曲水之凹與穴斜沖亦大忌此際宜細認

幹水曲折成胎內氣甚大立穴不必過於貼水

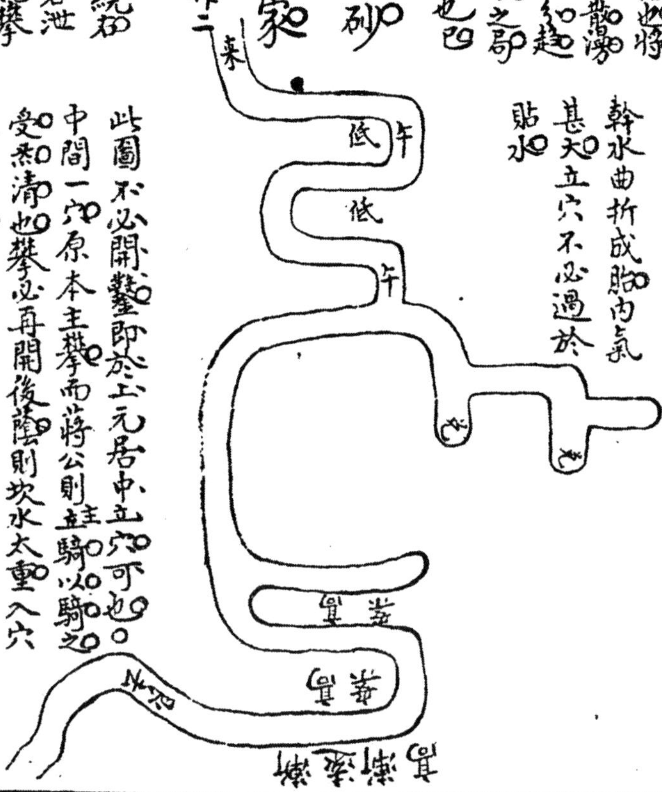

此圖不必開鑿即於上元居中立穴可也○中間一穴原本主攀而蔣公則主騎以騎之受氣清也攀必再開後陰則坎水太重入穴之氣雜矣

蔡照堂摹

曲水来朝是午丁，下枝流割界卯方清。
下元扦此先乘旺，中上福禄自盈盈。

内局出脉，自卯至酉，復自子至午，止於坤位，的是下元；另揷浜止於巽位，是下元兼中元也。外局向上之水三折，自午至子，另揷浜止於兑位，的是上元；而去水則在乾位，是上元兼中元也。行運即內及外，故於下元扦之，可以三元九發。

凡攀龍格，枝水灣環，與幹水成合璧之象，然後所攀之龍亦收穴内。此則幹枝各自成局，賓主俱強，所以各乘旺元而發福也。

必地形極寛大，方有兩局之可言。

下元脉取貪狼護正龍，可見離上之砂與水穴宗兼取之。

曲水朝堂格 三元

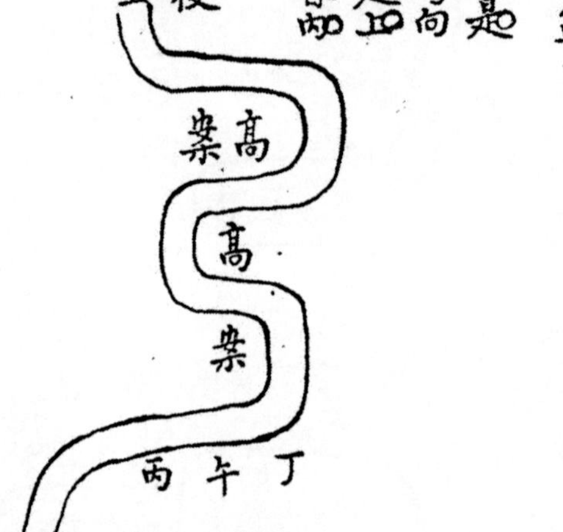

巽然在穴前又非来脉故但主於貧

曲水朝堂格 三元

午水单纏入巽龍枝流抱穴卯真宗
上元甲第開無比中下猶能産巨公

汪云首二句言外城獨於巽上無水局乃是巽不秀內局脉從庚來則卯為真龍也次二句兼長中幼房而言若於上元折之巽水稍稍犯煞幼房較貧然午水入穴其發貴先可必矣

羊云下元卯上砂高似乎煞重若開卯上水頭則降煞矣汪云卯水以下元而旺卯砂與太極相宜何煞之有

原本云外城甚佳若局勢緊密雖無枝水割界亦可立穴

汪云寅上去水有似反背故開至卯上為內抱之形

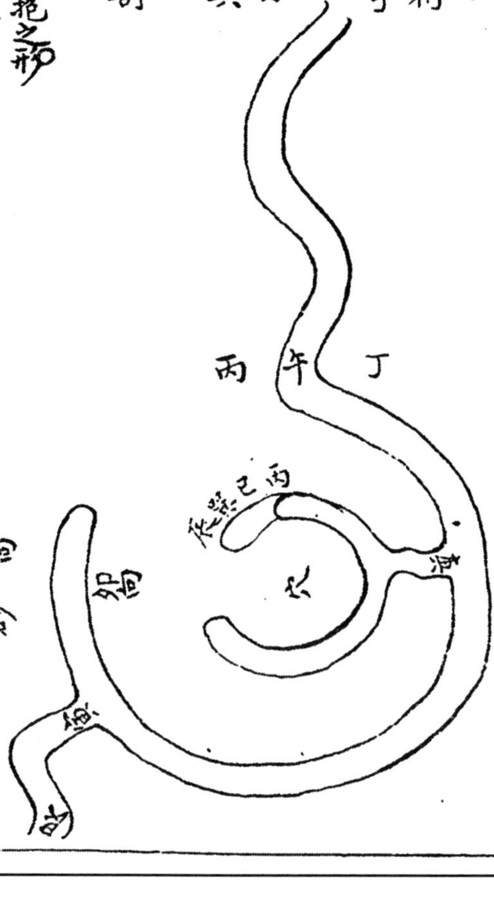

曲水朝堂格

外是上元龍內是下元局中間有中元水口雜乱之極

此圖蔣公無詩

原本云凡曲水朝堂須摺。三臂勢肩濤相等若東扯西拽如風擺柳或盂過穴或不益過穴參差錯乱者雖見屈曲無足取也然割界合局亦發福勢但主子孫飄蕩淫逸輕狂廢業耳此條頗有理

汪云內局的係異此乃對穴之脉來情可據似可於中元扦之狀中元骨短下元骨長坤水頭兌城門俱與中元不合所以無下手處此乃天心尋十道之旨而天元歌所云來情若在真元位諸局參差一半輕不可不細認也

此亦是上元兼中元然曲水參差入口交錯明堂逼窄去水斜飛非蔣公所措意也

家秘本

穴坐金星丙午丁離方水曲坎龍真。

高砂更得来三里。也是三元富貴根。

羊云：坎上高砂，砂砂高出去。是為送水歸堂。又云：此圖外局既全。內悉複罡。爵尊福厚。丁旺力長。美不可言。

汪云：離水非大抑。只是次格。送水歸堂。亦三合家之言。

原本云：凡曲水朝堂，須三橫四摺。如之如玄。節節盤過穴場。到穴前。不至沖射。方為全美。若形如纏索。無秀麗之態。穴前雖見灣抱，亦為不吉。不沖不破。僅可小康。一有沖擊分洩。必主破壞矣。遠水如草之字。或如展索。而穴前灣抱。益得穴過穴上，望之不見沖射。亦主三四十年發福。

汪云：內水濶三丈。棺之中心。亦遠內水三丈。所謂灣者，水痕杆貼而也。此水稍灣環。東西應長五丈。從庚口直入。的真震兌骨子。離水之北岸。東占巳上半字，亦不礙。以旺能制煞也。所謂來情若在真元位。諸局叅差一半輕也。

曲水单纏格 上元

内水是震脉。就明堂觀之。其入口當在庚位。

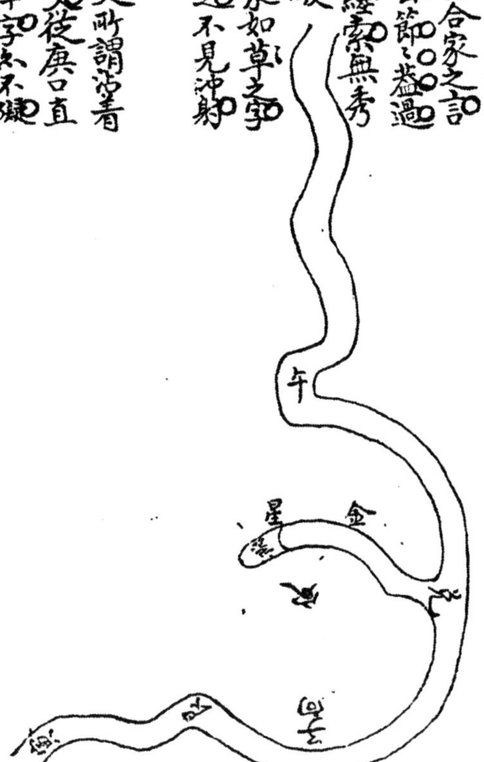

午水來朝氣脉周轉身却向艮方流
一元位上頻來往兄弟誹鍾亞五侯

羊云此局勢緊不必枝水自能收氣但上元巽炁盛須有村落或水頭障蔽方妙至於中元來蔭非巽炁悠長終屬平平宝照云貪狼原是發來遲是也汪云此局勢宛與必開枝水無疑也貪狼原是發來遲非此圖之謂蔣註甚明

曲水单纏格　上元

水之來去處俱勝前圖

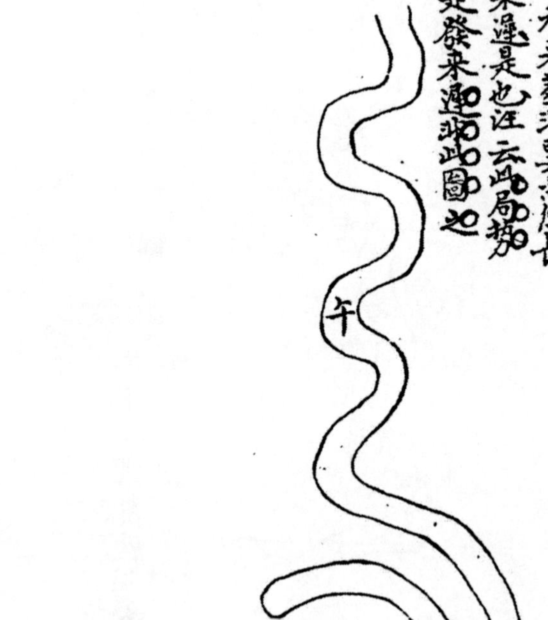

家秘本

前朝九曲入明堂，挽轉身來向兌方。
立穴上元先富貴，兒孫世世佐君王。

羊云：午水能三元不替，兌水係下元之煞，而仍許其不敗者，九摺與三曲力量懸殊也。

曲水单纏格 三元

水之来去處較前二圖更不同。

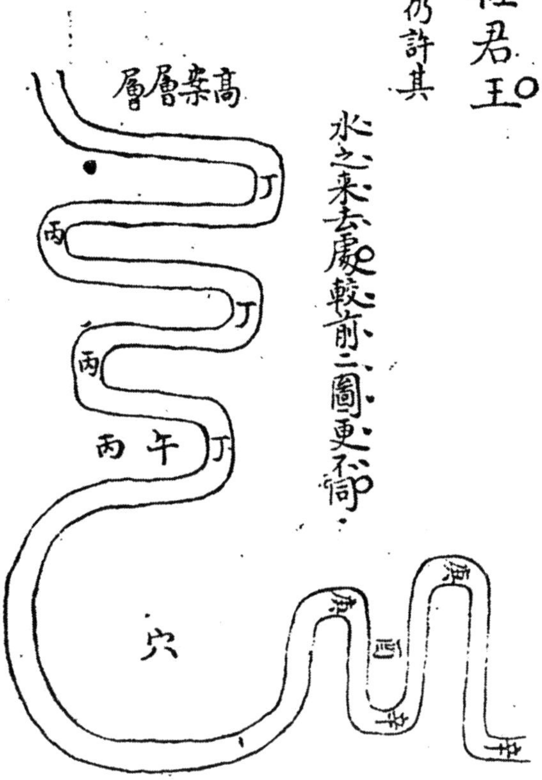

曲水单纏格 三元

此龍名號笑天龍。掌足完全穴在中。
定是三元卿相貴。男清女秀正家風。

汪云上元折此。右鉗宜盡於寅。左鉗宜盡於辛。楊言要向天心尋十道。蔣言毫釐尺寸要潔淨。其中有出勉節。似非執一也。入重於此。此重於過。又細重於纏。此重於腰穴。後重於穴前。俱宜細認。方識得廣狹輕重銖兩平衡之妙。

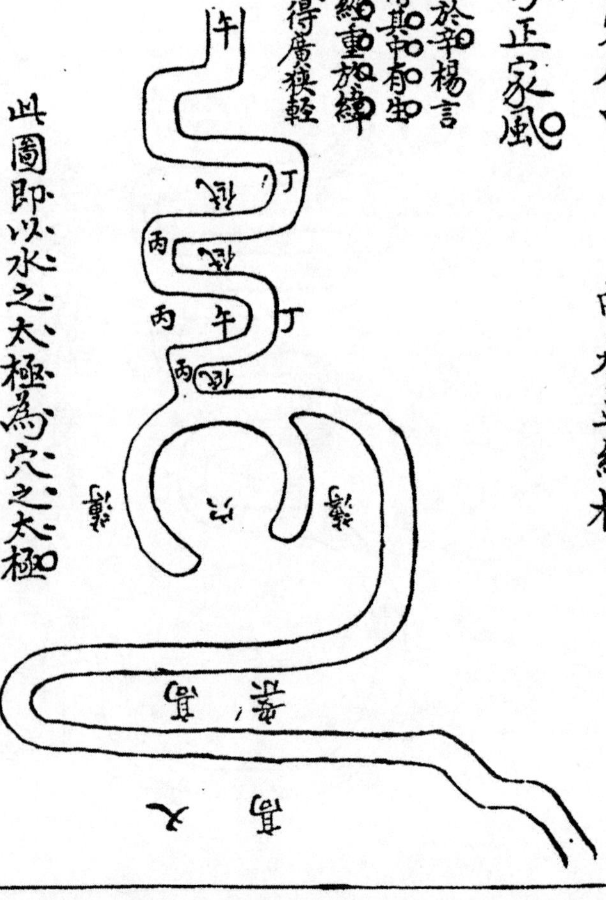

此圖即以水之太極為穴之太極。不必貼南水。

家秘本

巽巳水来向艮流中間枝界兩乾頭
中元運旺能發福一白元中作廢坵

羊云此局水来不清只許中元一囬下元勉强到得上元休矣汪云幹水雖微滯而氣卒散洩不可倚以立穴然其自午至子是上元骨子故小水承之巽巳乾頭得成中元小局若幹水自子至午與小水自卯至酉同是下元骨子中元豈可扦乎

原本云凡穴前一水横行與曲水合流者須再得小枝揷界於後方敢収曲水之秀

凡水之加者勝於無大勝於小抱勝於過多勝於寡揷勝於重無制勝於有制如此圖坎水离水其抱同其止同而坎獨二重宗勝离水但中元坎水為煞不可用惟穴親坎水即艮口乾頭足以制煞而离水獨勝可攀之以立向矣若更開灣尤為得力

小水皆西揷似乎兑炁難當然貼水立穴三面水氣周洩融聚宗地風吹何足深慮乎

曲水单纒格 中元

此即蔣公所謂掌足之形也此向前之水灣於坐後之水方可立午向

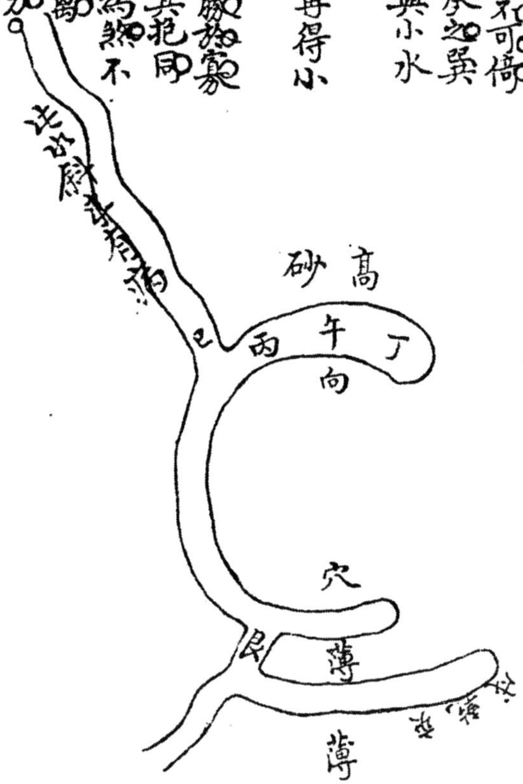

家秘本

乾艮水來入巽宮。坎風入穴是真龍。
中中元一發如雷電。上下兒孫免失宗。

羊云乾巽二水上下元俱不吉、汪云二水在上元不吉。在下元平。
坎上獨無水。則雖水單抱、亦可為立向之主。而坐後坎風幾如真龍矣。然水形既不整齊。又無後蔭。過中元即不佳也。八白運中小房壞。九紫運中次房壞。一白運中長房亦壞矣。其得以不絕都。下元猶有乾巽餘氣。至上元艮水復甲。又坐後低薄。可無大害耶。凡周圍之水。獨缺一卦。此一卦之宗地。尤為擔加。
後覺子曰此圖三條斜水交会形局悪甚即秉旺運我亦不敢

兩水夾纏格 中元

此形似有天柱折之病

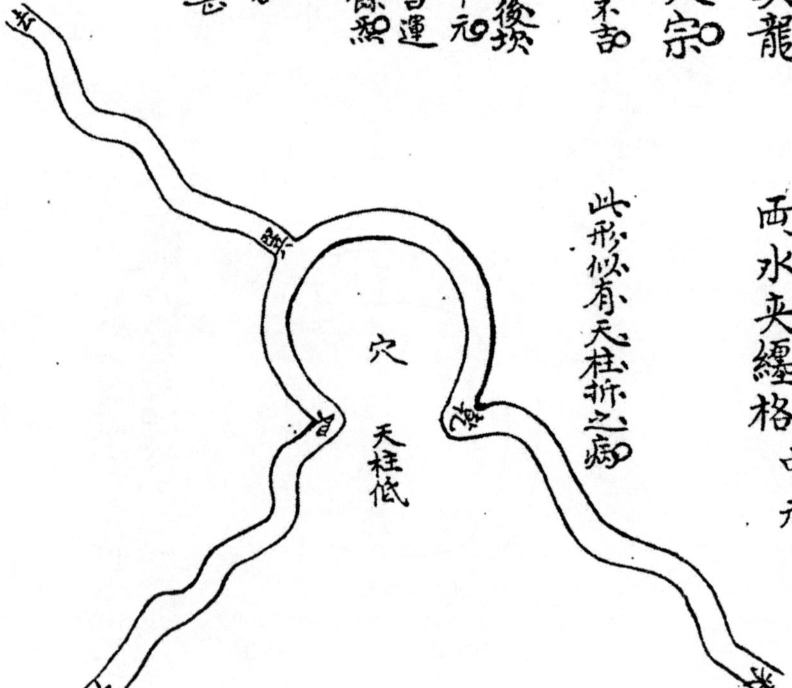

砂水相朝秀氣鍾。更兼坐後有癡龍。
上元穴此多卿相。任是三元福不窮。

蔣公云：得運癡龍能富貴。外情內氣要相從。此是向癡龍立穴者也。內熟指貼身砂水。又云帶秀癡龍尤顯赫。癡從後後蔭福無窮。此是坐癡龍立穴，如本圖是也。

汪云：此圖蕩水甚瀦大。右水乃其餘浪。又云穴稍遠，雖盡於巽丙，亦不為上元所忌。又云坎上去水，悉不入穴。到下元得令時，照神浮熟，卻於穴大有益。蕩之加尤大於摺坐在此，即非攀在後矣。交媾之理如是。

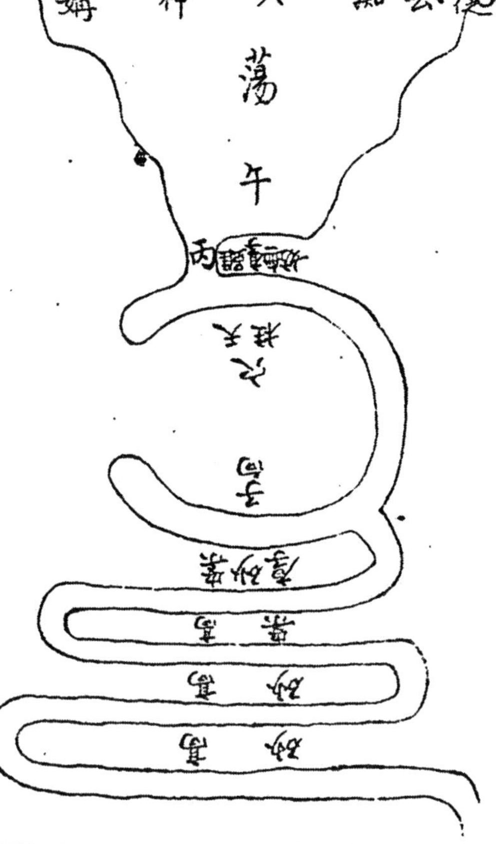

水經玄武格 三元

水纏玄武格 下元

水纏玄武下元龍前有高砂離氣鍾
百子千孫龍變化狀元榜眼及神童

羊云若坐後乾艮村落層密獨於坎上開敞十里廿里愈遠愈妙時師從未夢見也

汪云乾艮鄉落層密似可不必

首二句言當於下元扦之幹水三摺的真上元枝水四摺的真下元實主相配發福悠久百子千孫豈非貪狼所致哉

據圖砂高則貪狼為暗拱砂不高則貪狼為照神非攀之也攀雖稍遠而知和嘗不近雖係於向而知係于所坐之水宜察

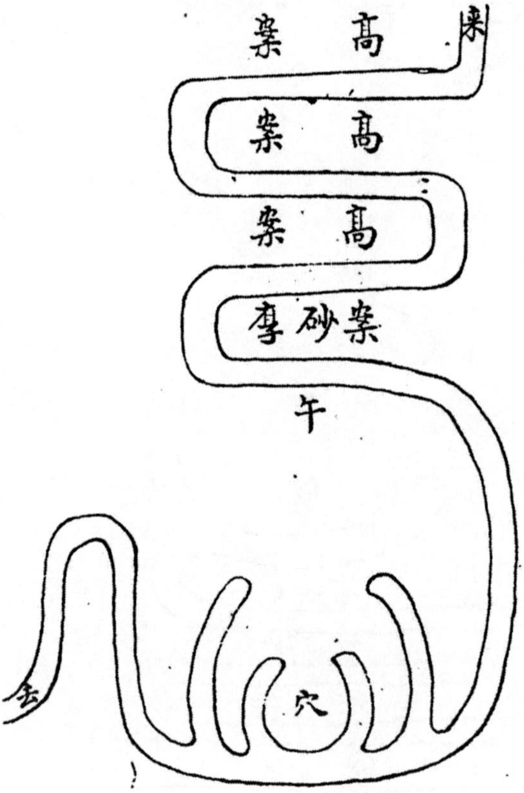

家秘本

水來坤卦向辰流。枝水割界兩相投。
下元穴此多福澤。一白元中萬事休。

羊云。坤水呈秀。應在下元發。汪云。下元龍本少餘氣。初交一白。坐水已作凶塋。安得不壞。此格坐後之水。不必比向前加濶。以向前貪狼水。以逆強。而坐後多一抱。窮丑已多也。幹水兜收。絕是起發。禍故易發亦易敗。離水圓抱。上元決不絕。

水纏玄武格　下元

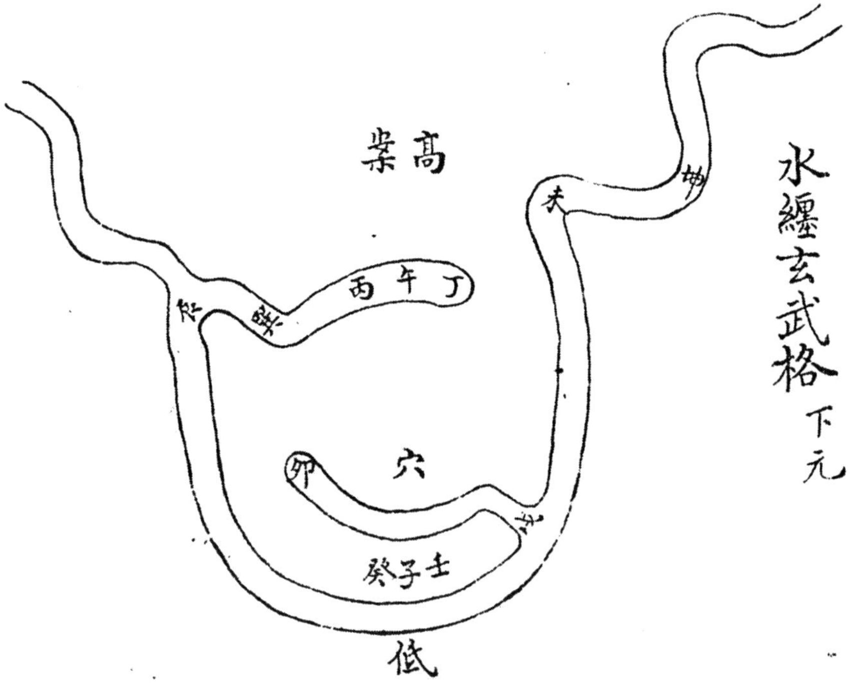

二水来朝兆坎宮。龍圍虎抱穴居中。
運交九紫興隆盛。緑白交加怕失宗。

汪云上元已敗。中元乃絶。九紫乃龍之最下者。前一圖犹兼武曲貪狼。而此則無所兼。故必絶也。

水纏玄武格 下元

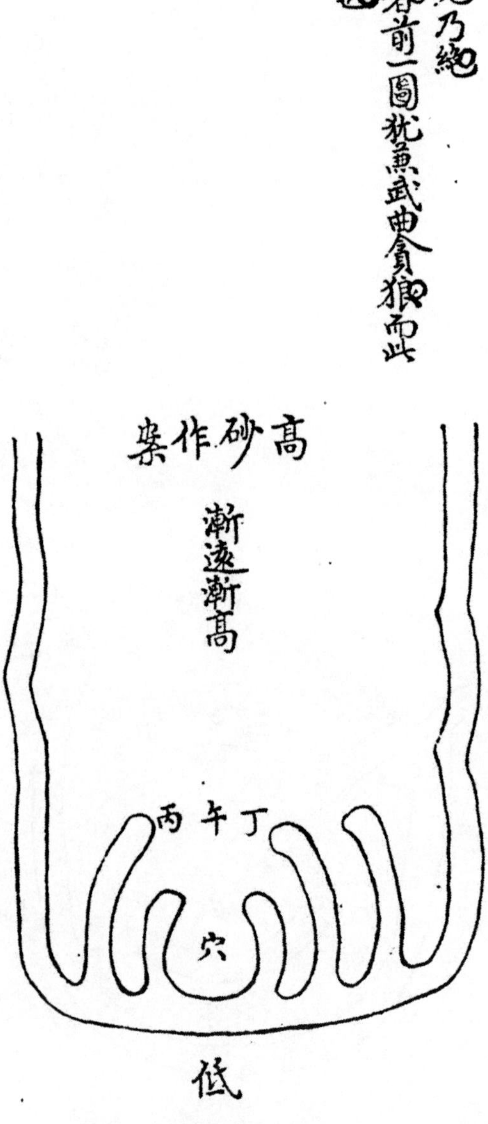

家秘本

向水安坟怕巨浸。中藏砂案是金星。穴乘坎炁元之旺。種德攸寧萬世興。

汪云、向水安坟怕巨浸。以向前一望低空也。此有金星砂案。故御砂水本有多邊。而蕩尤甚。苟非種德。安能長有此三元不敗之局乎。

順水界抱格 三元

順水即元辰直出之謂、凡水之自北而南、復自南而北者、彼皆謂之水纏玄武而目為上格、凡自南而北、不復自北而南者、彼皆謂之元辰直出、而目為次格、

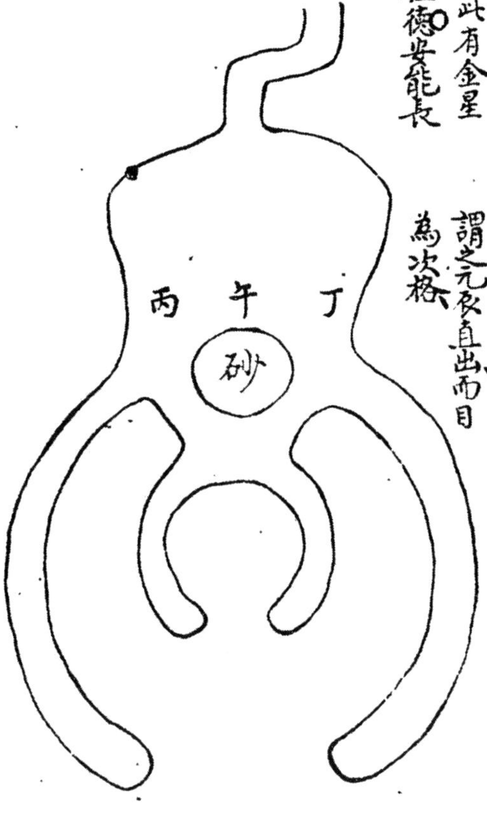

順水界抱格 三元

家秘本

曲水彎彎不整齊。其中作穴怎相宜。
雖然枝水多環抱。久後教名犯自欺。

羊云此名午水。但来源不真。曲折又不端正。雖發富貴。如嚴嵩秦檜之類。

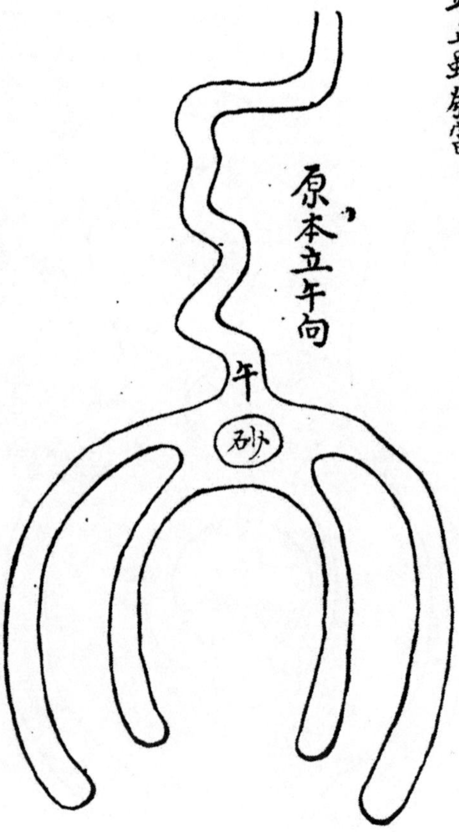

水流屈曲似飛龍。穴點鈎中。坤氣雄。
先在上元開甲第。中元旺相一般同。

此謂右一圖也。穴點鈎中。是點穴於鈎之中。〇作子山午向。水来于离而盡于兑。則宗地坤氣之雄可知矣。下元時。离脉兑頭坤腹。俱犯煞。而安得不壞。左一圖即此可推。或云右圖坤向左圖乙向。是脉正。而穴偏。非蔣公之法也。〇來脉長。結氣厚。穴宜正。中不必過於貼水。右圖之坤。左圖之卯。皆不可低陷。亦不可有高屋相逼。障礙天陽。

順水曲鈎格　上元中元

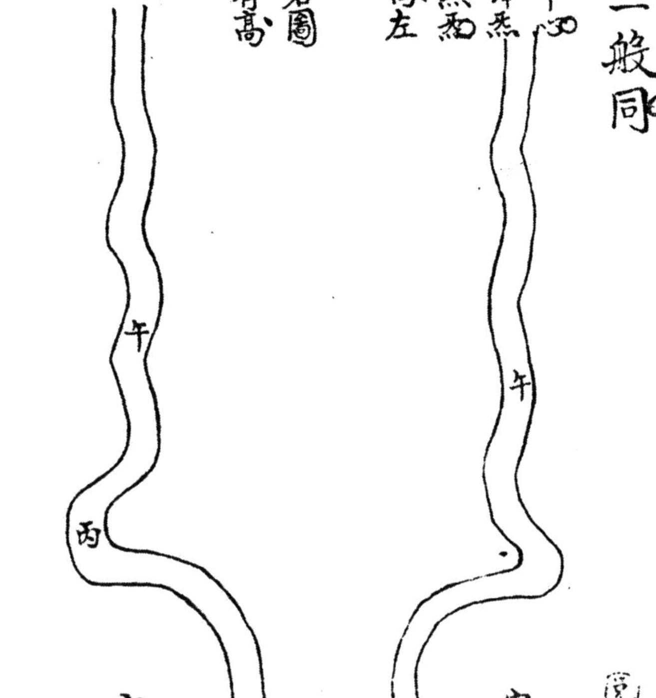

一局能分上下宜。其間趨避有玄機。
運來一白朝離水。七赤元中穴坐離。

汪云水有一定之脈。何以一局可立上下兩穴也。蓋他圖曲水皆小幹之行者。此獨為小枝之止者。止水必有回悉其骨之上下元尚屬和定必相施太極而後定也。外局幹水自午至子。復自卯至酉。亦是上下元相兼之脈。又云或謂水從離來。雖幾經曲折仍是離水謬也。江南浙江山東。大海在東。潮來之水以萬計。豈盡目之為震脈乎。楊公云來山起頂須要知。三節四節不須拘。此言宜細玩。

曲水倒鈎格　三元

汪云上元坐坤。下元坐艮。皆能悠久。

此圖砂法蔣公但就下元立子向者言也。午向在龍尾。子向在龍頭。畢竟子向都真。

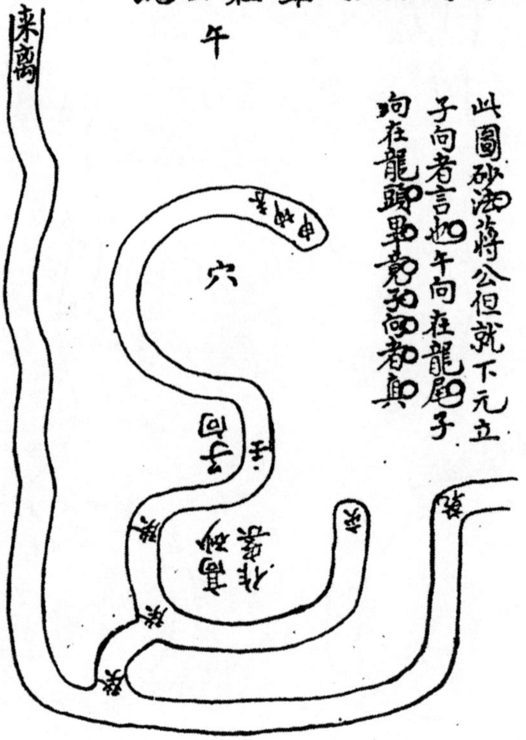

不標元運之名無詩辭。其為蔣公之所不樂聞可知也。

艮水離水係上元。坤水係下元。乾口巽頭係中元。內局賓主不分。難以下手。

斬氣朝迎格

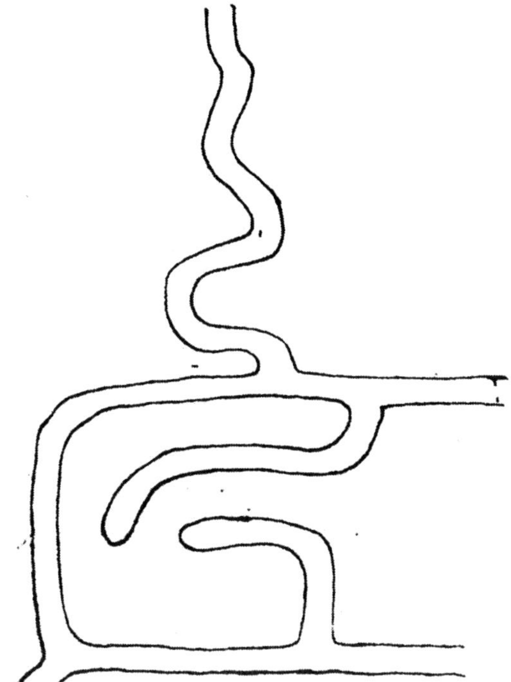

穴親卯水兌氣與下元先發上元興
却因午上來呈秀釐久方能出巨卿

汪云觀兌炁真三字則兌方之為宗地明矣原圖南小枝盡於兌可知其失真也。又云右水係下元局上元骨惟到頭一節係下元骨而局能助之所以下元可抑
君小枝的係上元骨子向上離水稍以久穴故運轉上元必能大發也

斬氣迎朝格　下元兼三元，

汪云此圖形甚不美若地局窄小尤忌之

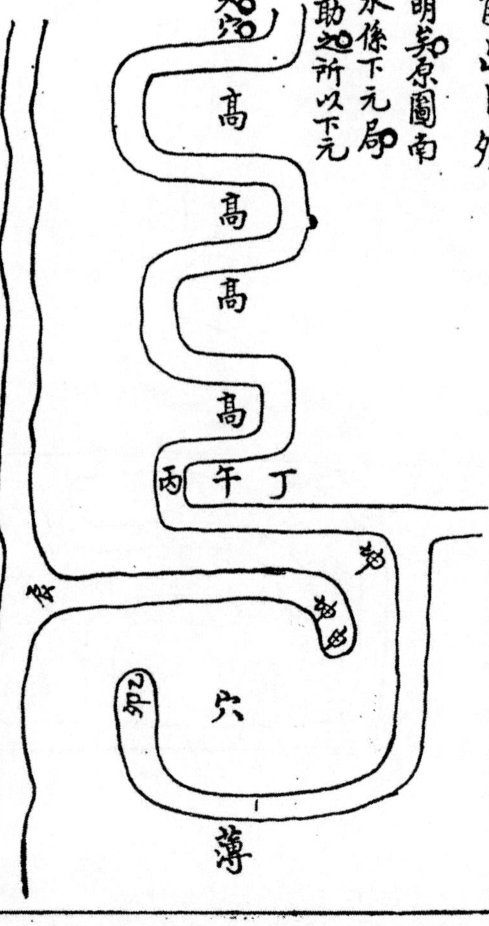

家秘本

離方曲水似龍蟠。坎上龍來局勢寬。
坟借枝水來邀倖中元卿相及高官。

汪云、或云、此穴前朝曲水坐後龍來未免陰陽倒置、須坐離朝坎、始為合法、此、人尚未、知挨龍、何況倖秀。○又云觀後圖原本云こ。可知此圖係字乾字。皆原本所標幹枝之出口處也。蔣公即其三合之圖。明三元之法。厥功偉矣。

此與第十二圖相似。而曲水較整齊。彼巽脉短。此乾巽脉皆長。彼内局偏下元骨多。此内局圖中元骨多。又穴前横日離長坤短。故中元可發甚矣天心十道之不可不尋也。

遠朝倖秀格　三元

此局當於中元下之

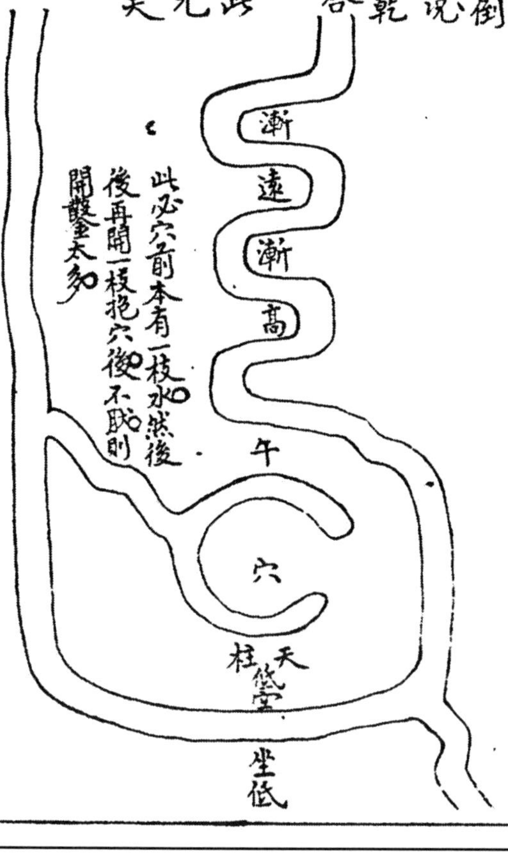

之字水来入明堂。枝水金盤抱穴良。
下元穴此多福澤。中上猶能事〻強。

原本云此圖卻北他方另求一水。割成金盤仰掌勢。托于曲水之下。亦名倖秀。穴後又得一枝水包裹於玄武。若得此水與曲水合從。作一路而去。則水口當以曲水為主。若不從曲水而與坐下水合襟。則水口當從坐下水論。其去屈曲回頭。交鎖織結。不至滲漏。方為大地。其曲水去處。雖不回頭。亦不為害。蓋坐後水乃龍之元辰。而曲水乃客水也。不過邀倖客水之秀以發福耳。此等當以過房入贅而發。或他途絆藉登科也。汪云。據彼之意。曲水在午。出口當在卯。坐水在子。出口當在辰。皆三合謬說。錄此以明其當刪。而蔣公謂其於真傳正訣。尚隔一山。非無証也。

蔣公遺一遠朝倖秀格。外卦及四。內卦及乾。與此詩下元先發福之指正相反。細考之。內係辰戌丑未局。立穴未向。挾右水頭。右水和丙。和脉。卻金。在癸。子。丑加。丁與。向前。坤水。極應。故得發於下元。而上元繼之。奇極。

遠朝倖秀格 三元

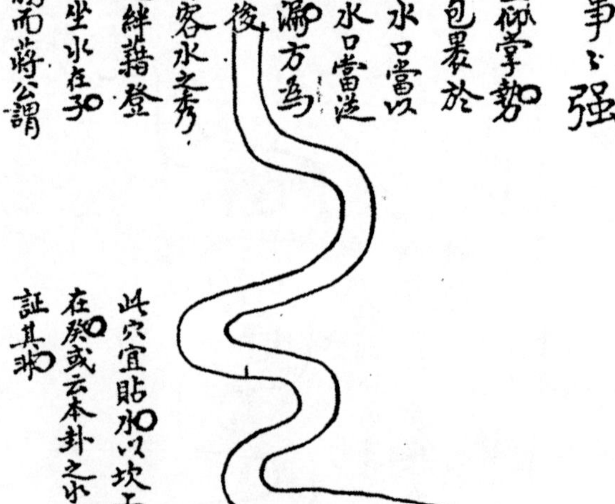

家秘本

衆水来歸聚穴前。氣周脉固蔭多年。
上元財富能敵國。安坐三元福禄全。

此圖穴前有蓄水。與衆水門小不同。凡尋常幹水忽有三四道小枝分流而去。是謂衆水門。

流神聚水格 上元

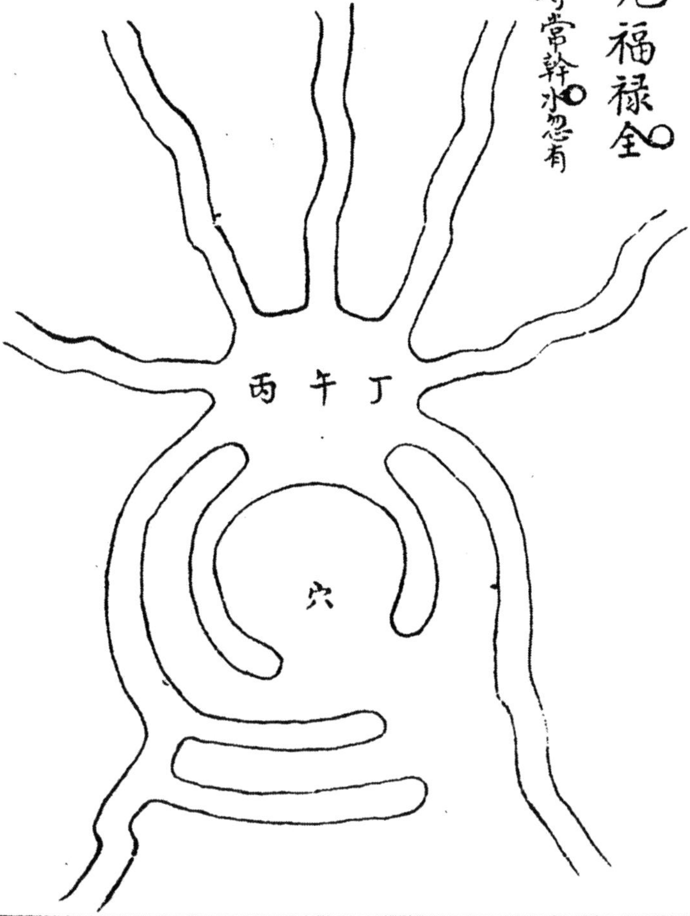

藜照堂傳

流神聚水格 上元

水欲聚來氣欲鍾。坐衆正脉上元龍。
連綿科甲朝朝有。白屋人家産巨公。
汪云庚酉辛水勝前一圖。

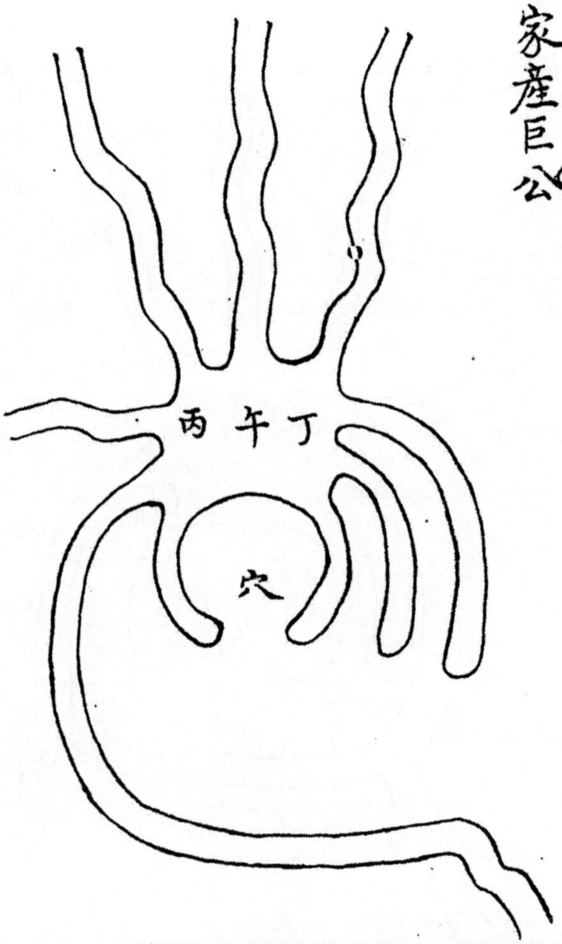

乾宮來水離宮聚。中有浮砂作案星。

立穴三元皆福利。兒孫四綠始登名。

羊云穴後水纏不正。久後子孫必有奸佞之流以致敗亡者。

汪云離水似秀案禍。惟乾水曲折有力。故許其成名于四綠運中。

此與第二卷抄估一圖相似。大約一發即敗之地。

乾水長。骨以巽為主。離水加局以坎為主。

流神聚水格 三元

此圖當於中元扦之。右水乾脈真。上元決不可如圖立穴。

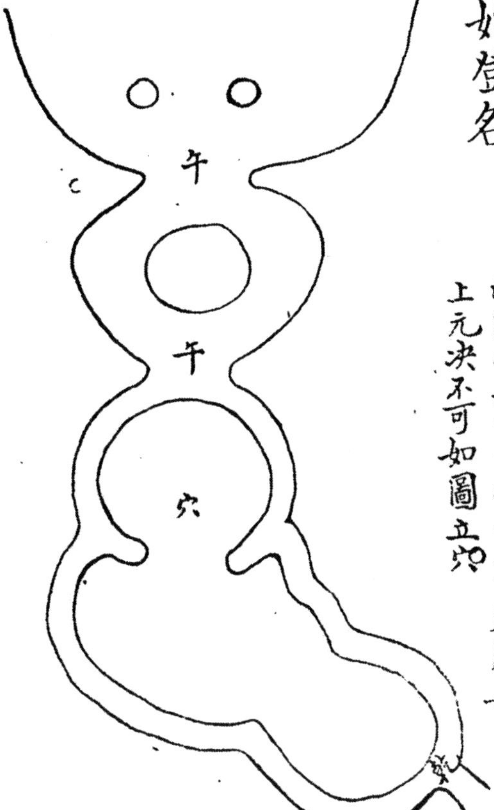

水勢汪洋却聚砂。其間作穴宗堪誇。
看来也是三元地。水内安坟今古佳。

辛云、此種圖局江南湖蕩中多有之。但砂紫氣蓄者鮮耳。

歸厚録云衆水浩浩。一隅可吸。衆水奔趨一隅曲曲。水聚砂回。停停滴滴。不散不漫。真悉已蟄。

流神聚砂格 三元

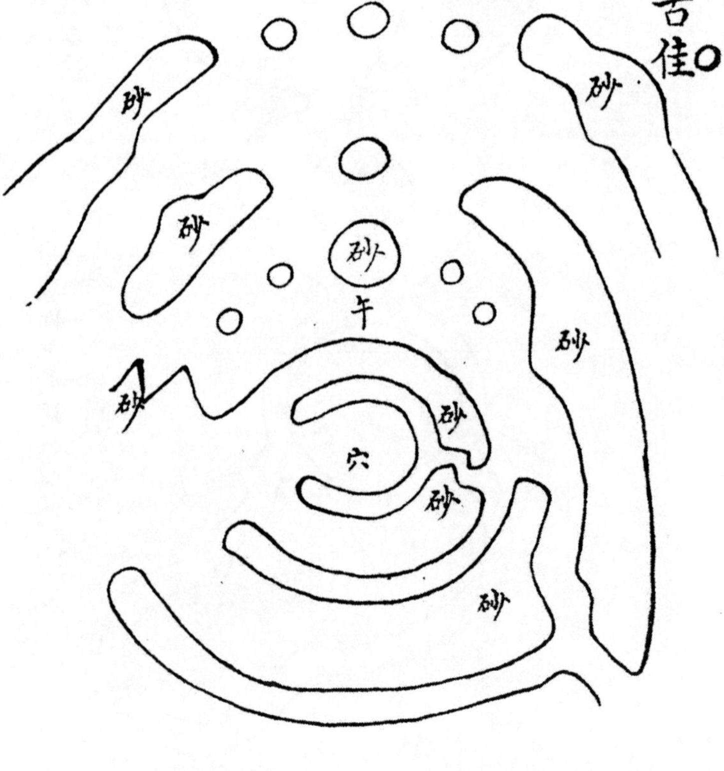

家秘本

水勢周環合面南未可慳然執一端
只為離方水太淵坐基須遠得安全

汪云水太淵其方位難以一宮故穴宜遠之
羊云凡向湖蕩立穴必以水相距尺寸較長短遠近真秘訣也
汪云據圖立穴宜稍進方接得大水之氣又云凡向湖蕩立穴裁其尺寸猶在水痕之內故雖坐一實地之卦亦無天柱折之病學者辨之
坐水騎龍為上格痴從後蔭福無窮此蔣公之言也所謂一端者指此只為離方水太淵坐基須遠得安全可見方位不清亦足為害

流神聚水格　三元

汪云當於中元下之

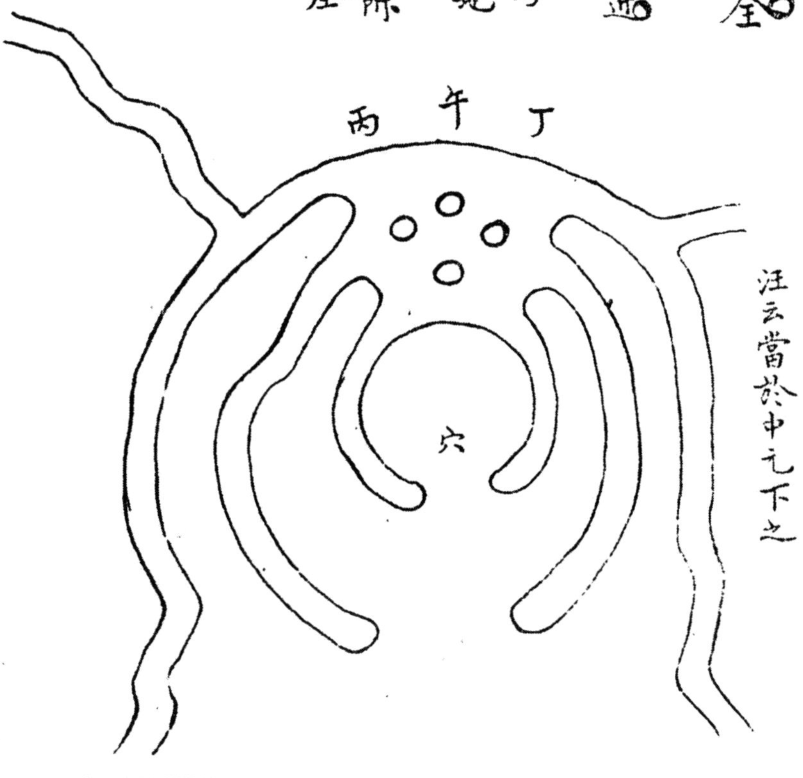

水城環抱坎龍真。立穴中間萬福臻。

富貴雖然難顯宦。三元安坐有敎名。

此中間。乃左右、鉗之中、間。承上文環抱而言也。

原本云內水如鉤。外水如帶。

羊云、此亦以坐後水濶狹定立穴之、遠近。汪云

包裹重重地氣溜聚穴於此如此知此而必撥

但不可太遠。失緊湊之意耳

脉淺而局完。亦能小發。

一水橫攔格 三元

當於中元下之。

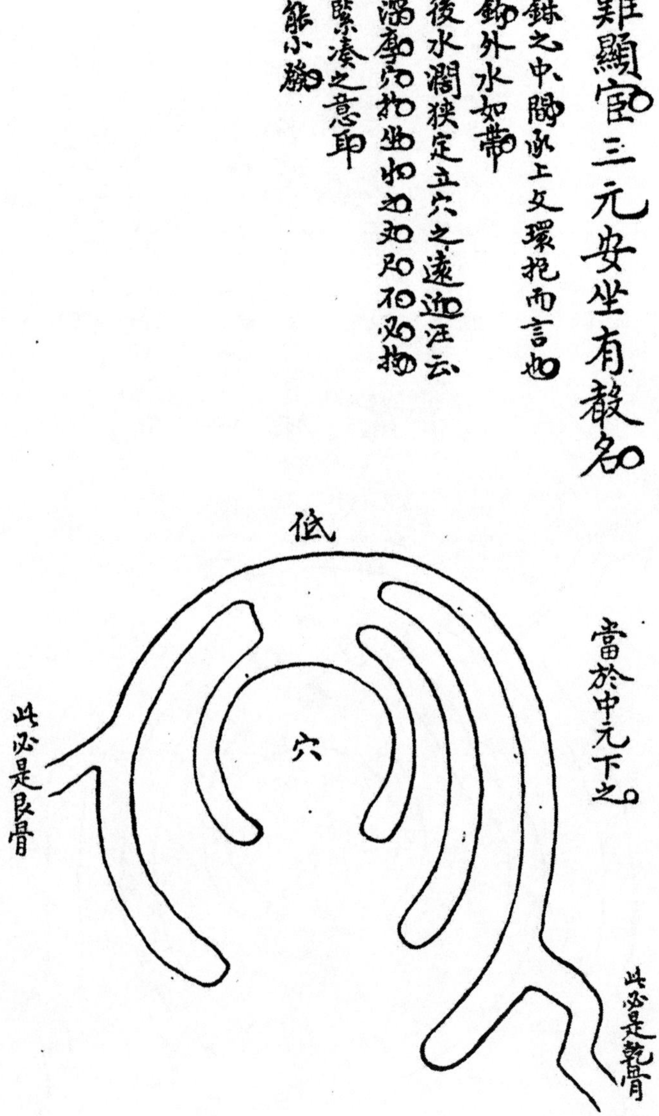

家秘本

午丁之水三元旺。不用前篇議論重。
更有一端真妙訣。却將長短看來龍。

前二圖。一云坐基須遠。一云立穴中間。則此所看來龍長短。乃立穴之妙訣也。丁上水短。午上水長。合勢來朝。加猛。而氣充。故立穴宜稍遠。若午上秀水。僅於向前橫過。則向為空向。而坐後氣泄。而鉗水束之。亦有天柱抑之象矣。

一水橫攔格 三元

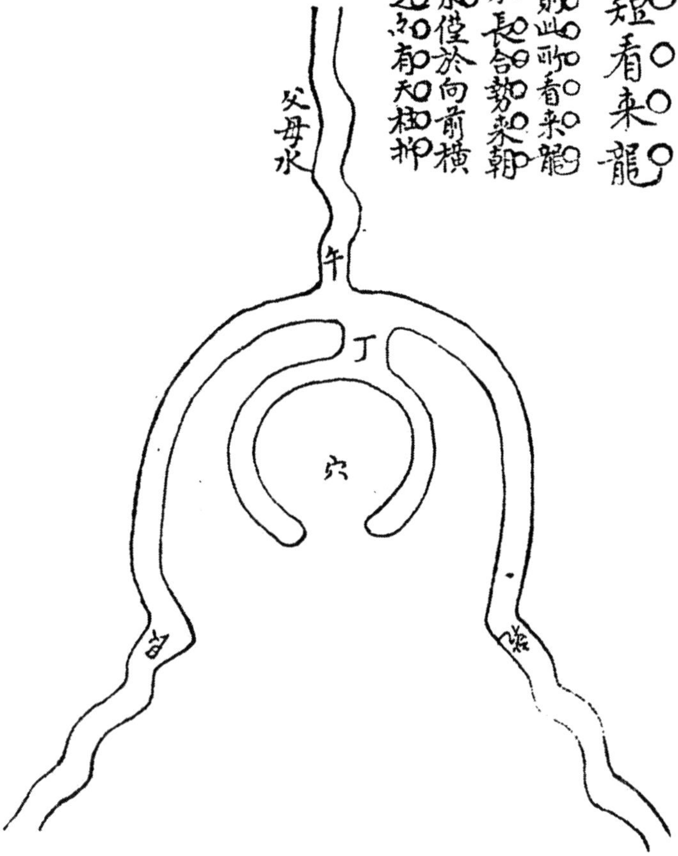

藜照堂傳

穴要窩鉗脉到宮此圖坎氣是真宗
高砂崙起明堂濶安坐軍州建大功

羊云此局穴後有火星主出武職汪云穴後當是金星以轉相摹繪爻而為火星也環水有凹凸之處似乎動而不靜故當以武功顯

觀此圖點穴貼水貼前圖之看來龍長短為立穴之妙訣無疑矣

原本云好水灣環巧如帶此水法之最佳者若當面有小反可以人力改圖左右各開腮水挿進作内蕩則不見其反矣如此圖三房均發福力悠久○汪云以第二卷考之金城抱穴初不慮其小反也

一水橫攔格 三元

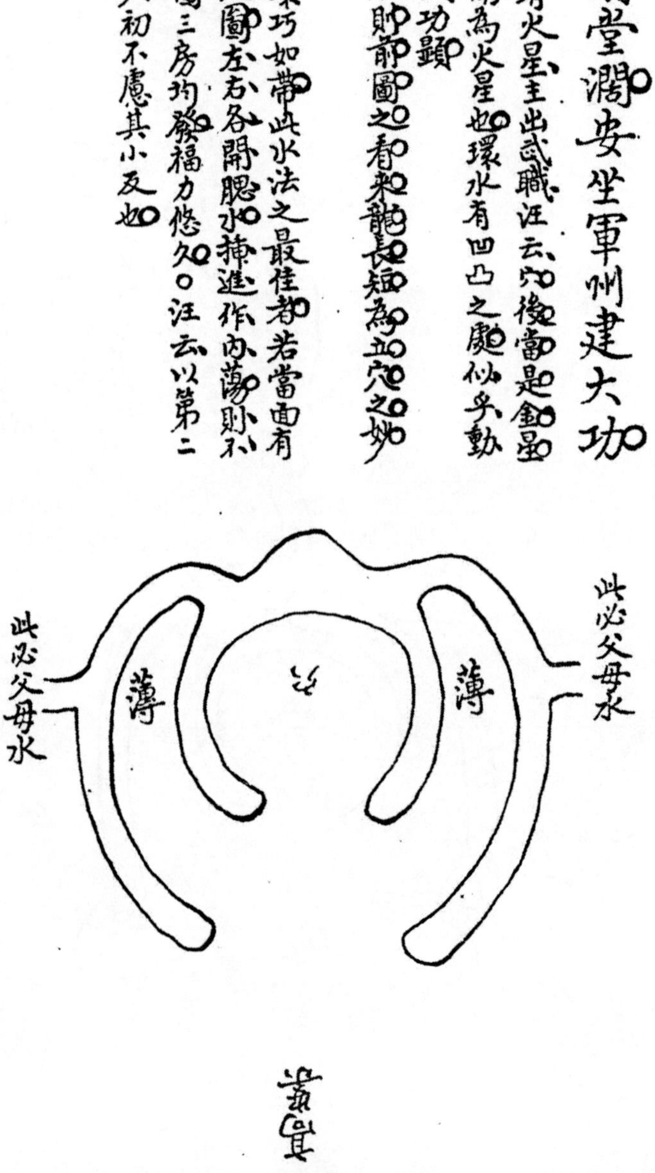

家秘本

局寬氣散難安穴更有真機為汝說

此是下元九紫龍並無正脈多兼雜

羊云穴後水太大氣反不聚汪云決不能聚於一宮

此圖左右抱水與他圖不同或由壬至丙而兼亥巳或由癸至丁而兼丑未所以謂之無正脈也脈既不清將何運以下之

界水前抱格 下元

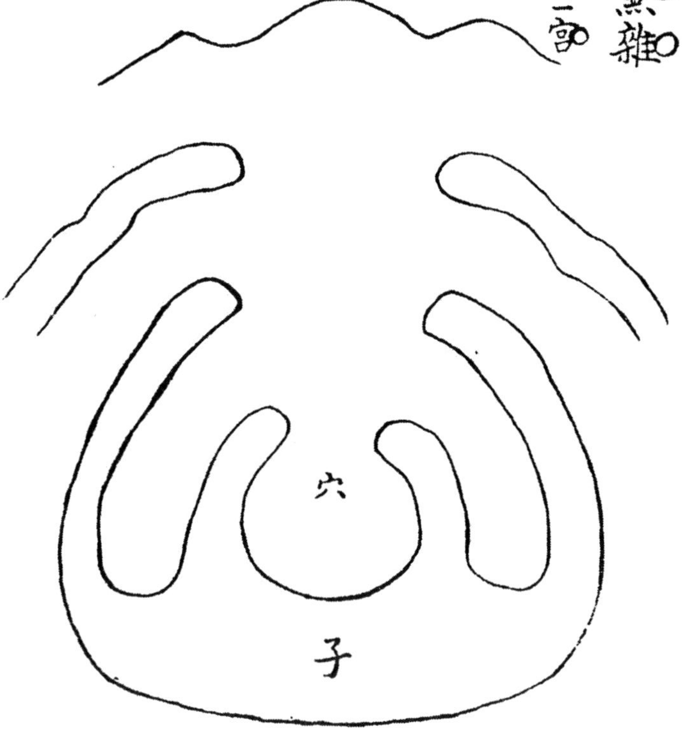

水抱偏環艮氣侵如何下元亦不興
只為離方水濶大坐來正脈始為真

江云遠水立穴作下元艮向左鉗自坤來盡于乾右鉗自巽來盡于卯似皆合法然而不興者以此蕩午水為主局不合運向不合局皆非宜也既有坤水與離上元決不可抑惟于下元抇子向則八白運中可以驟富一交九紫貪狼化煞其敗立見矣蕩水帶鉗其骨似坤然以幹枝論之的是離水

羊云離方小池不成星體一發便敗

界水外抱格

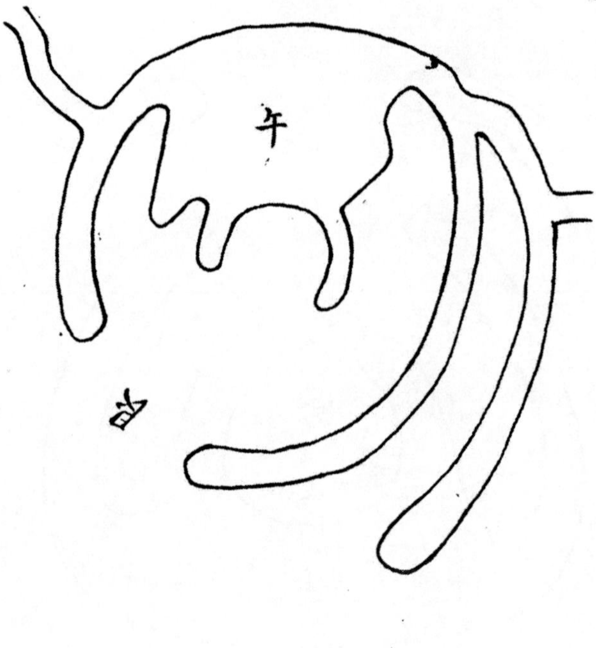

此是上元午向之格。水從艮方來。艮水獨大。穴前午水獨一折。砂亦金星。其本身之砂。坎亦甚長。震亦微長。可稱合局

湖蕩聚砂格

湖蕩聚砂更整齊。其中立穴有真机。
三元貴顯原無分。安坐鄉邨守釣矶。

水勢渙散。家室不甚贏餘。砂體整齊。子孫必能良善。

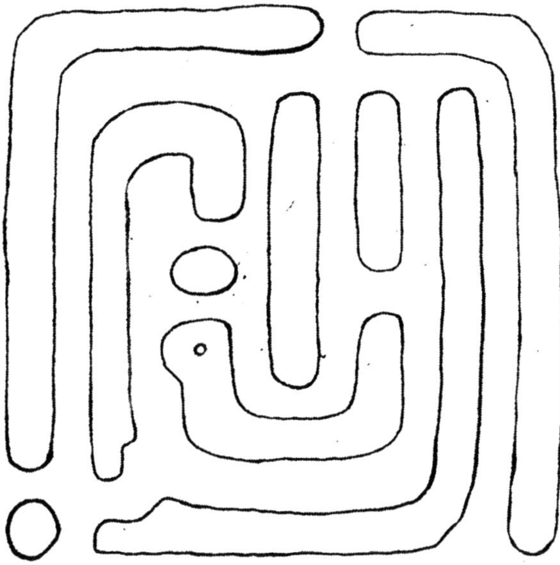

湖蕩聚砂格 雙盤龍勢

此下共十九圖蔣公不錄今姑存之以廣後學之見聞

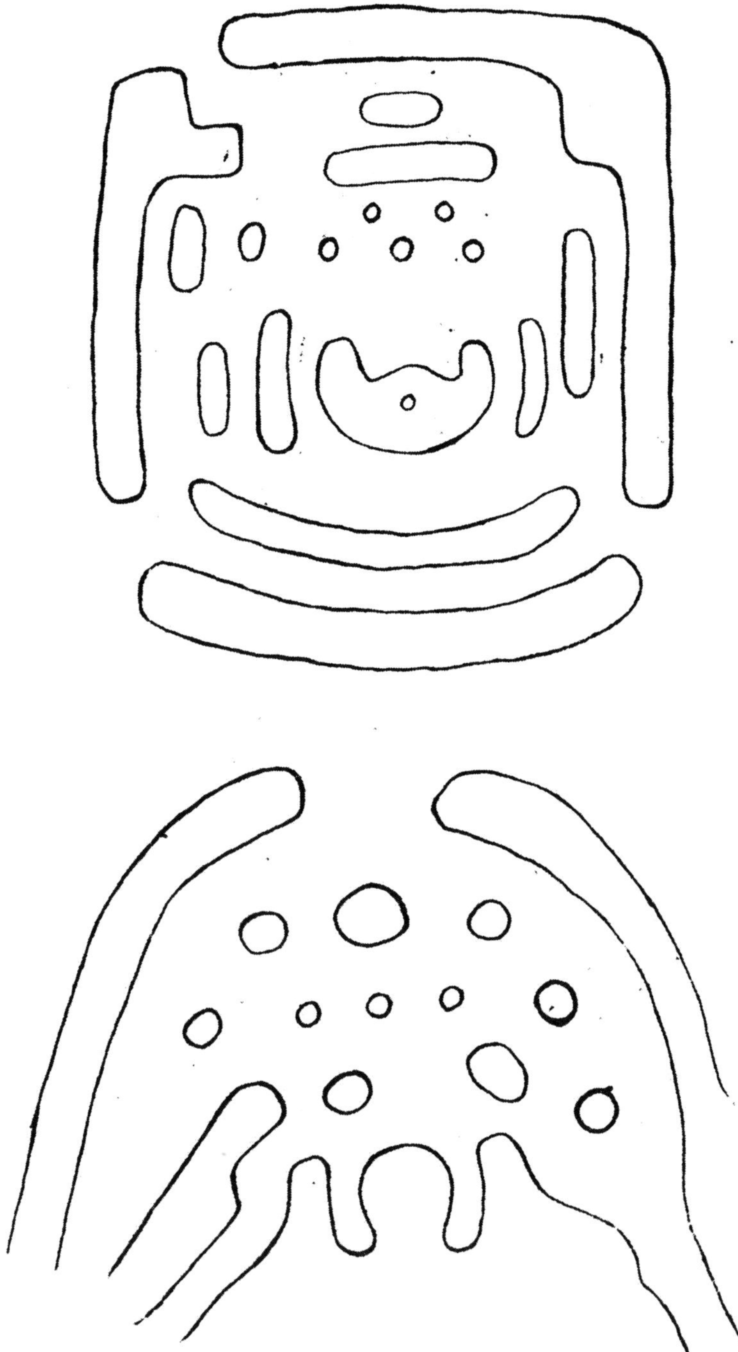

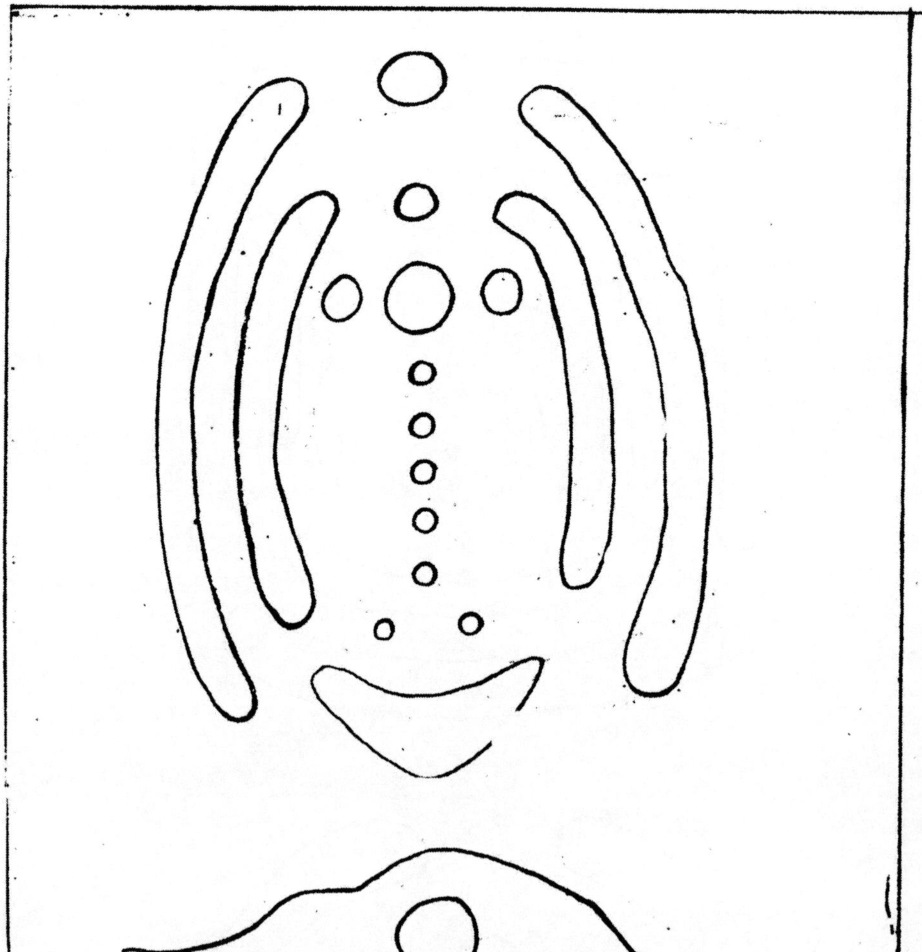

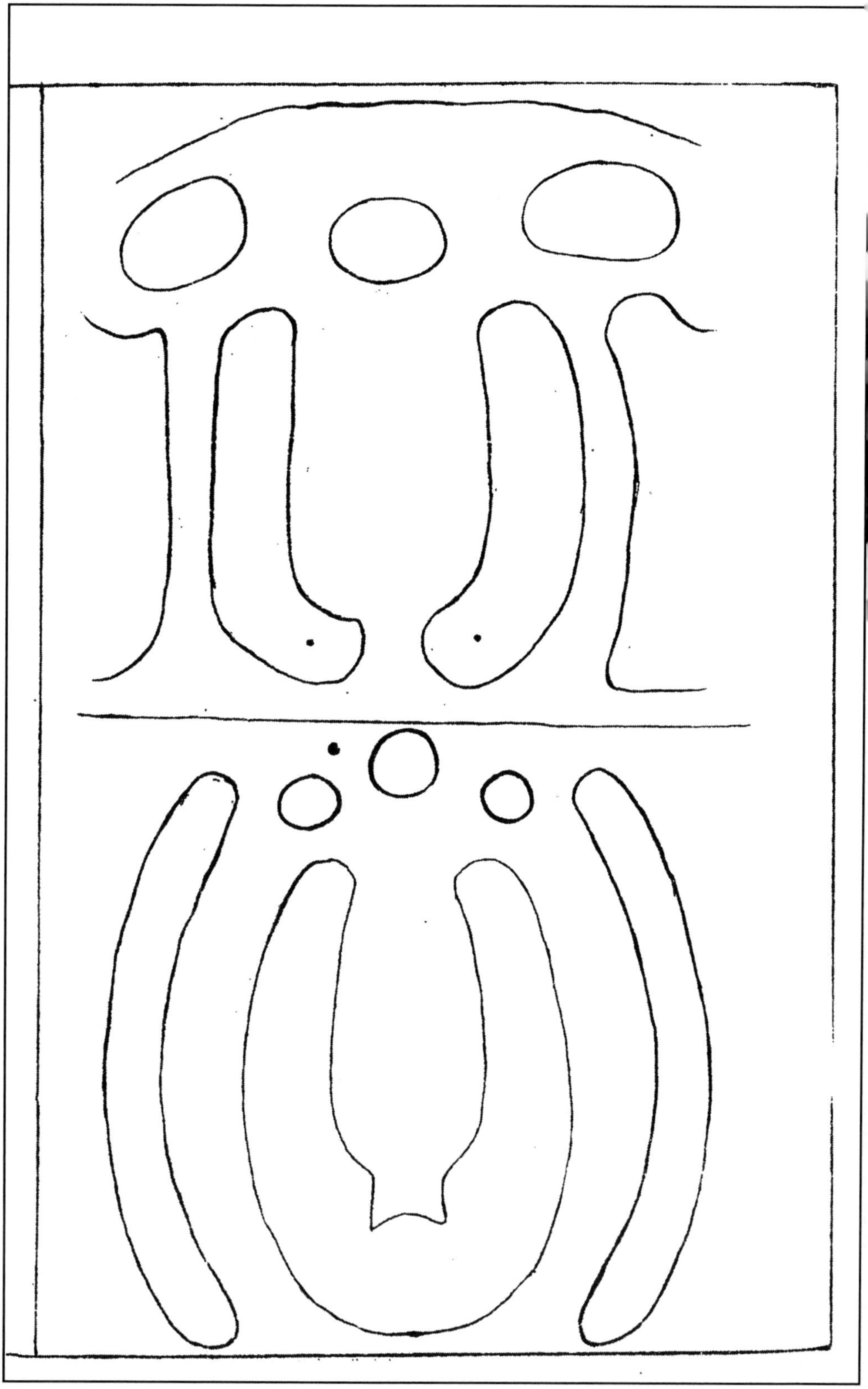

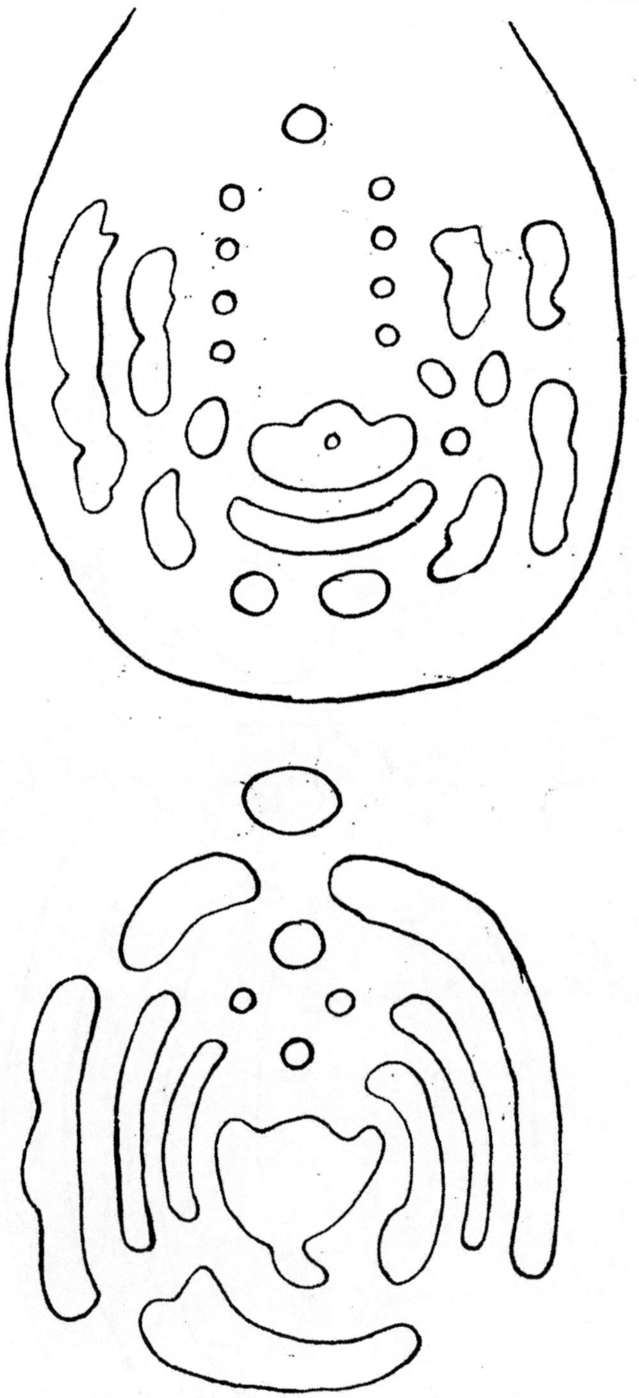

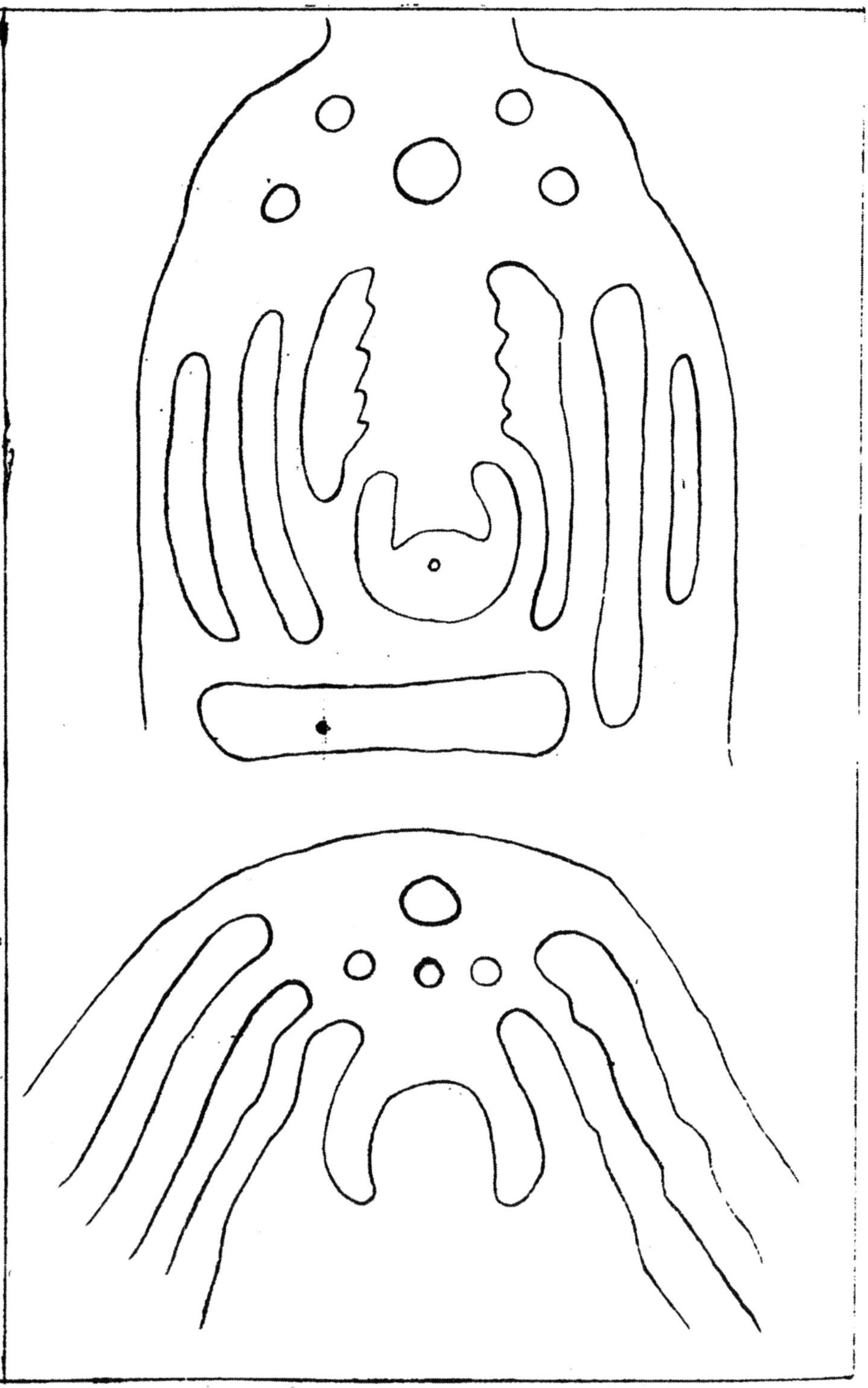

界水無情格

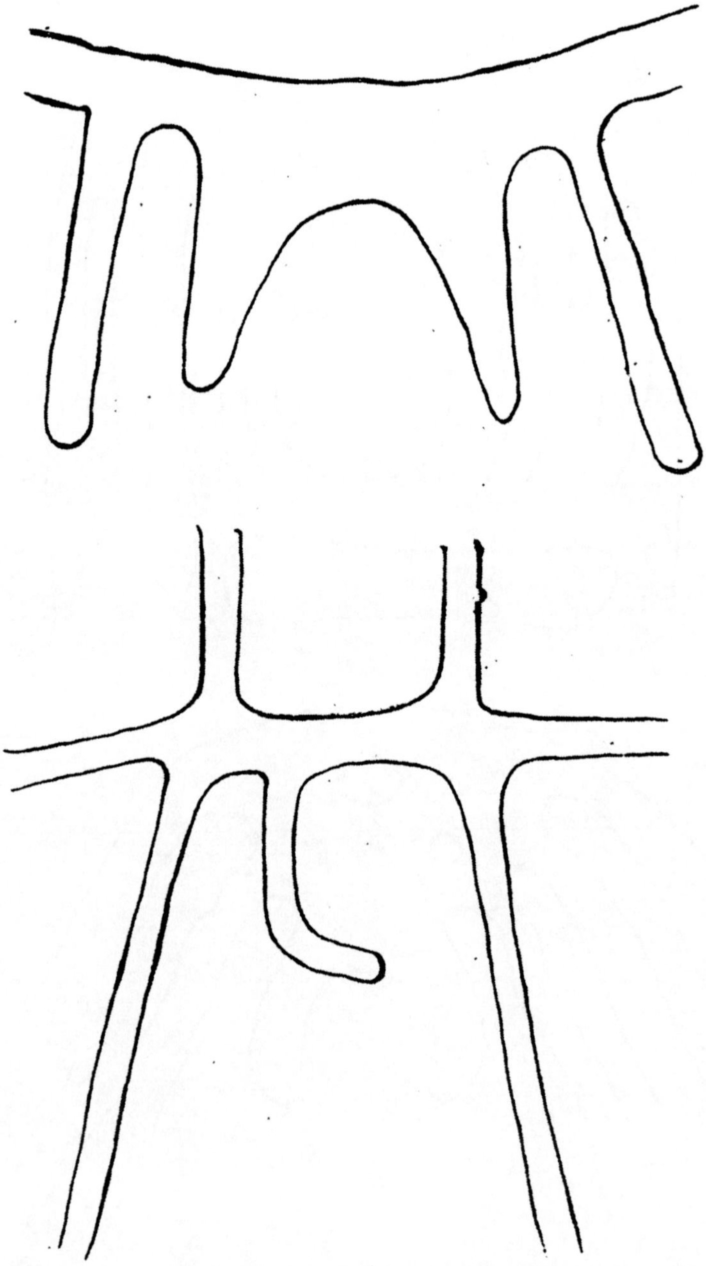

曲水斜飛格

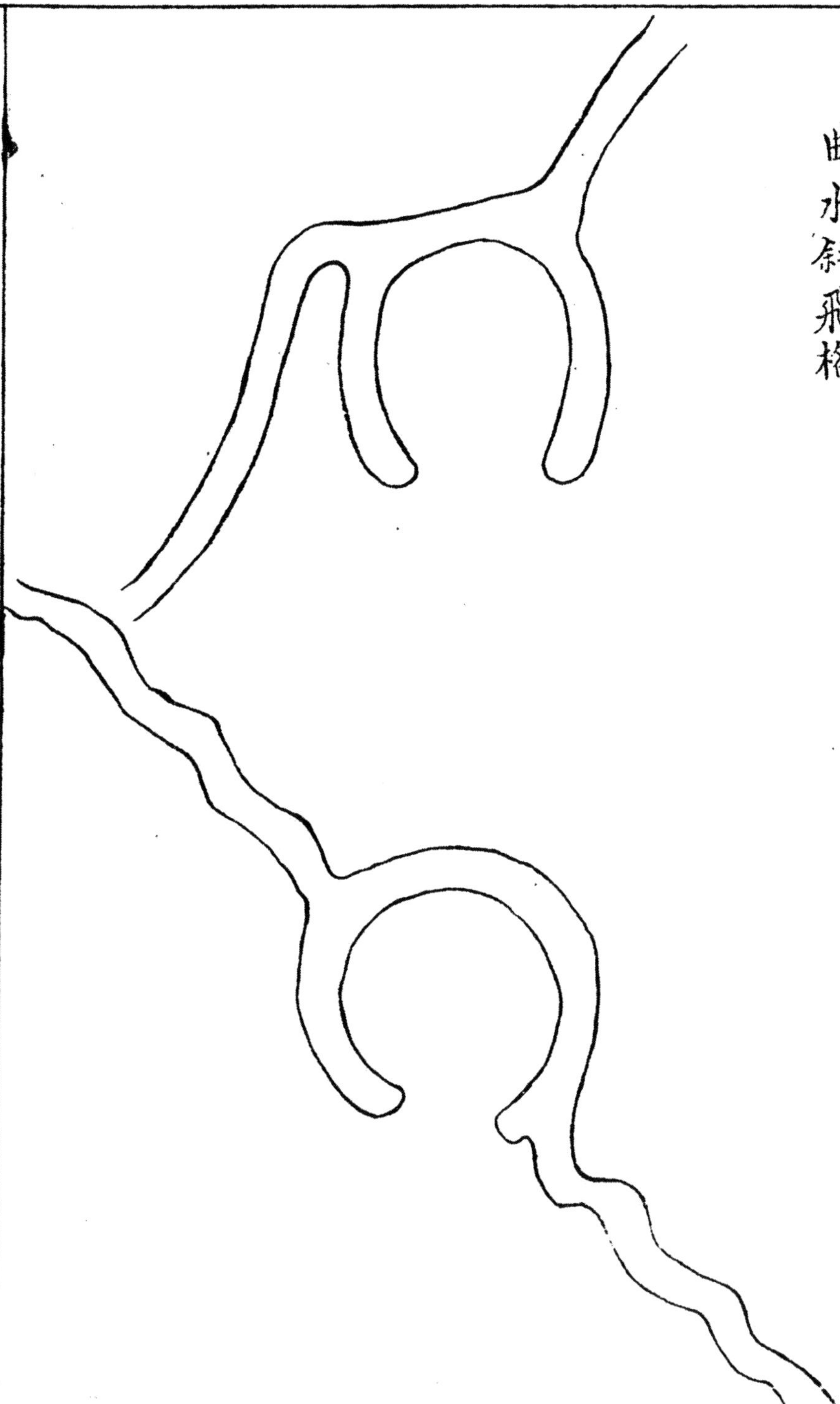

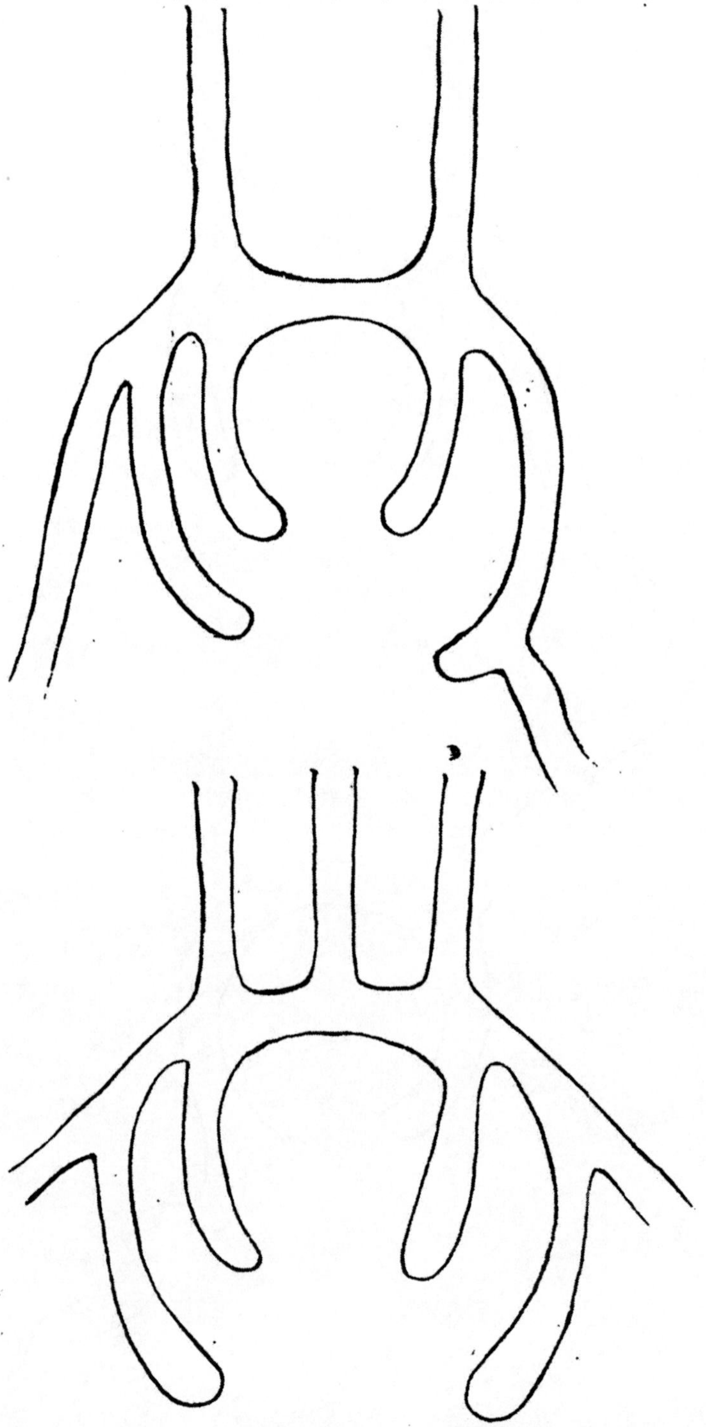
来水撞城格

有貼穴之星有入穴之星蔣公就其書之言貼穴而謂入穴者已寓乎其中亦人之意至深切矣

水龍經第二卷

此卷專言水龍貼體吉凶形局而入穴星體已森然燦列於其中此水龍肯綮扼要之書也亦不著作者姓名言都鄙俗而我以為此必楊公真本千年以來師師相授之秘旨也開卷先言五星而五星之中惟取金水土三星為吉木火二曜皆凶與山龍少異山龍有五星起頂頂下即結真穴亦有行龍穴星皆木星結體彌見貴秀水龍則一見木火立見災禍推原其故總為水形喜柔荏而惡剛直宜轉抱而惡衝激金水柔荏而土形轉抱與木火之剛強衝激者性情判然矣是以五星既別而即繼

之以遶抱、反抱、收氣、漏風、蓄聚、分飛、諸格、辨之最詳、亦即五星之變體、而引伸觸類、以求詳之者也。夫先明枝幹之義、則行龍之體格大畧已定。繼明五星之正變、而後入穴之作用、得其主宰。後有學者、苟有意於楊公之術、專於是書深切而體驗之、水龍之道、思過半矣。過此以往、三元九宮之法、庶幾其有逢原之樂乎。

大鴻氏記

水龍經第二卷

論幹枝。

大水汪洋是幹龍。枝龍作穴出三公。

細認三义是何卦蹤跡。以分元定吉凶。

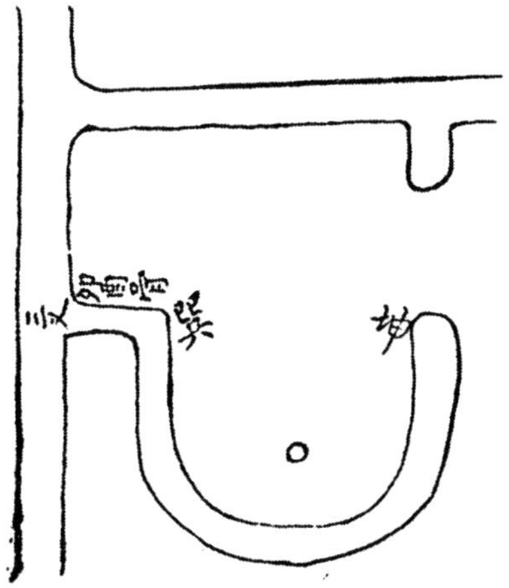

提圖棄死就生。迎神避煞。儘可臨時酌便。此所點穴不過畧存大意而已。

枝龍作穴須長久。

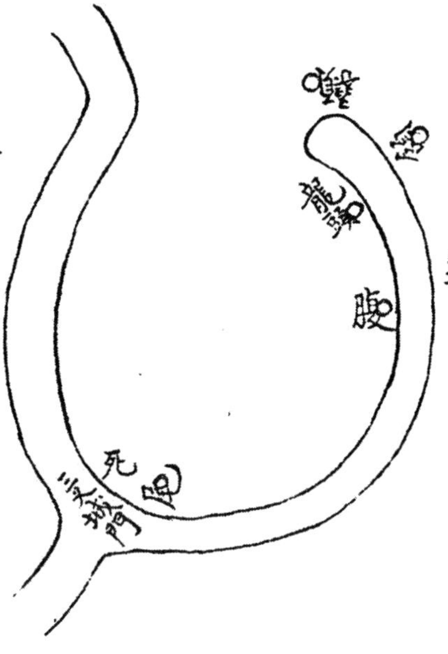

幹龍氣盡不須求。

羊云此二圖為枝幹相扶之式法當去老就嫩去死就生穴只龍頭龍腹二穴一入口在巽為中元之龍一入口在巽艮為上元之龍

汪云上一圖三义城門雖在巽方宗則自卯至酉為下元龍也其右抱由子至午而駐足於坤方皆為下元龍此乃下元時親子水立午向之格局也下一圖三义城門雖在艮方宗則自巽乾至亥為中元龍也次向酉為下元龍次向坤為上元龍次向離為下元龍次向巽為中元龍若於中元時下龍頭穴立巽向收乾氣以與城門相合斯亦三元安穩之格局也若嫌幹水斜飛則作龍腹穴親酉水立卯向當于上元用之

附圖一

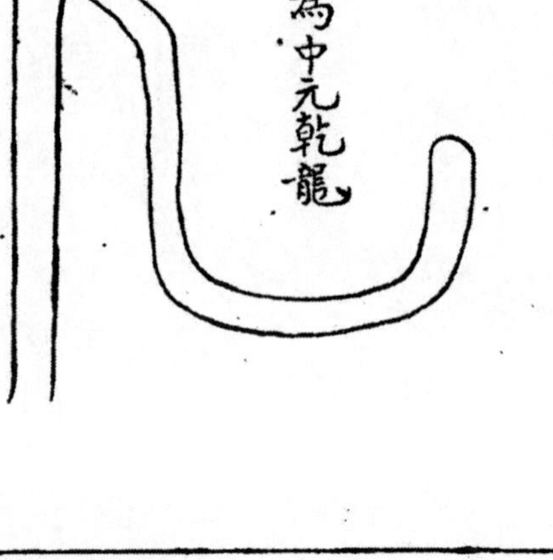

家秘本

附圖二

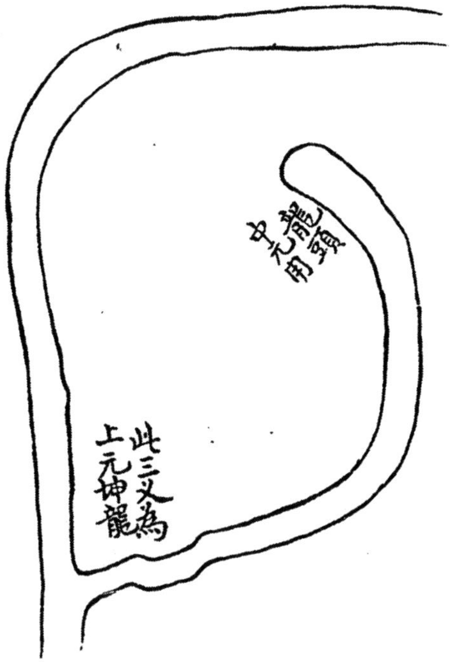

附圖三

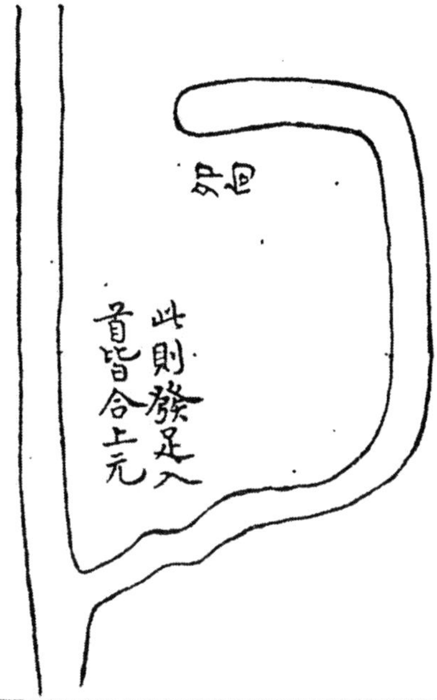

家秘本

論五星 金木水火土

此專言近穴貼體星辰、非遠來之水脈也。

羊云、大凡立穴向水、明堂要不寬不迫。若太近、便難展舒穴氣。

正金體

金星如玉帶。此地真無價。

羊云此穴定是朝水。若向水、則明堂嫌其逼窄。

汪云明堂太窄、局氣不展舒、即穴氣不展舒矣。

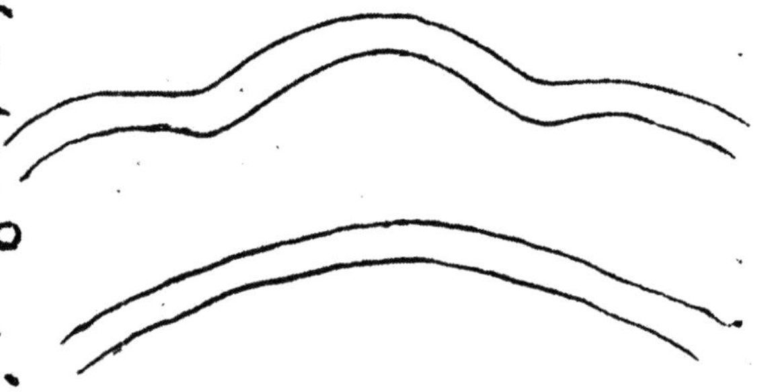

橫水過宮。金城抱穴。若扦此地、富貴不歇。

羊云此穴亦坐水。汪云、此書點穴只是存其知意。不必拘。

覆釜金星水眷身兒孫富貴足金銀

此局縱富貴不久

金星受體

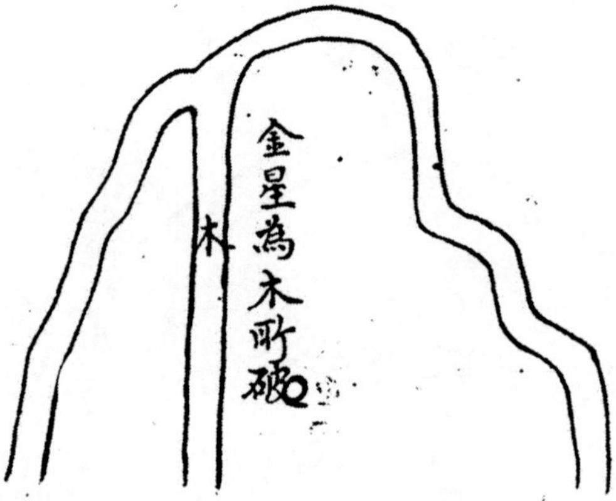

右金小房興○

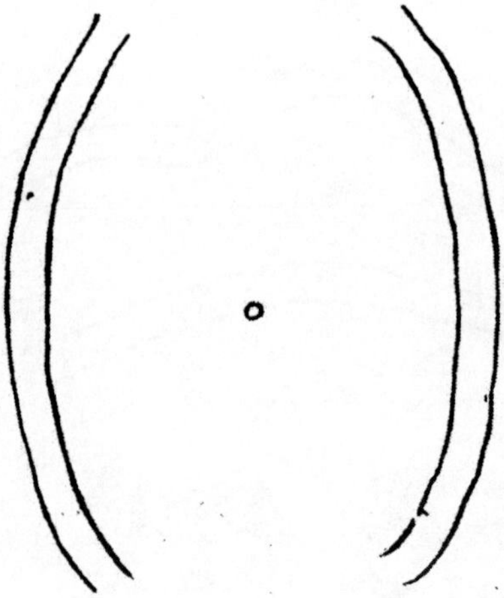

左金長房發○

羊云此穴是朝南故有長小之分○然必按元運定吉凶始驗○汪云此圖不重穴只重穴之左右不可泥此為點穴之法○餘可例推○

此水名為犂頭形。一發火燒貧。

其形稍尖。兼火星。

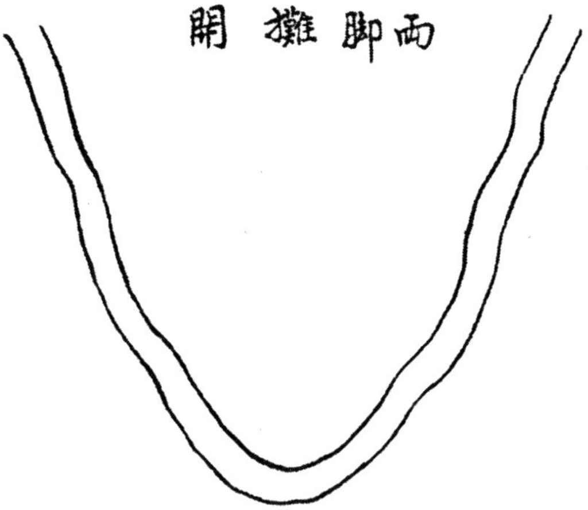

金城右反弓。幼子必孤窮。

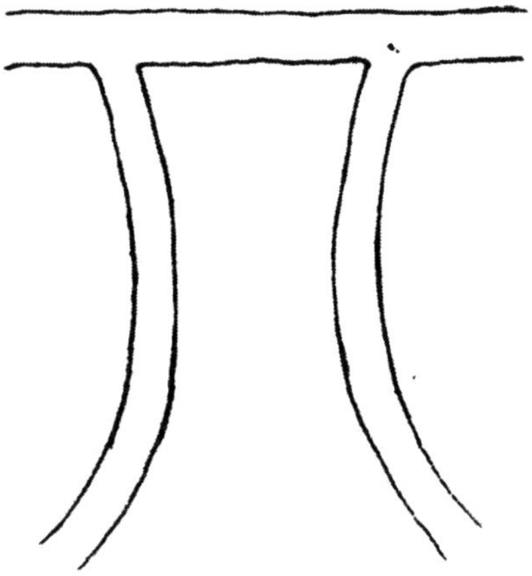

金城左反弓。長子定離宗。

金城反弓逃走貧窮。又云
金星如仰外。家宅田園散。

水入金城。富貴多丁。

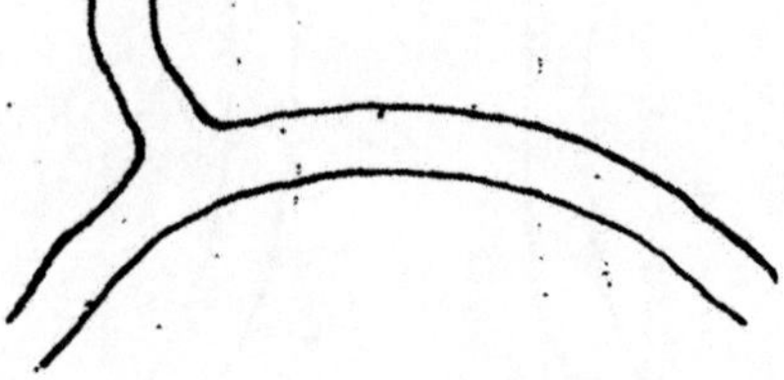

金星如出水。水短方為貴。

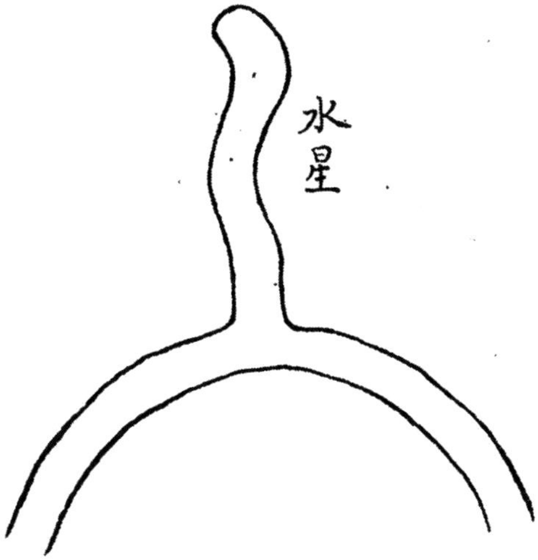

前火魁金城。風字脚不停。若扦此等地。不久主伶仃。

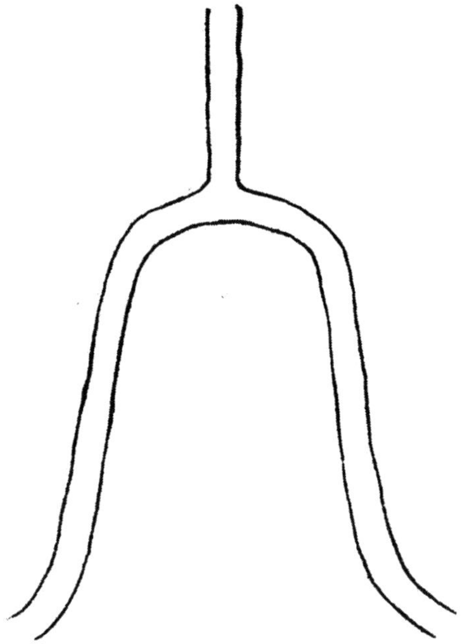

斜金似火受尅非佳

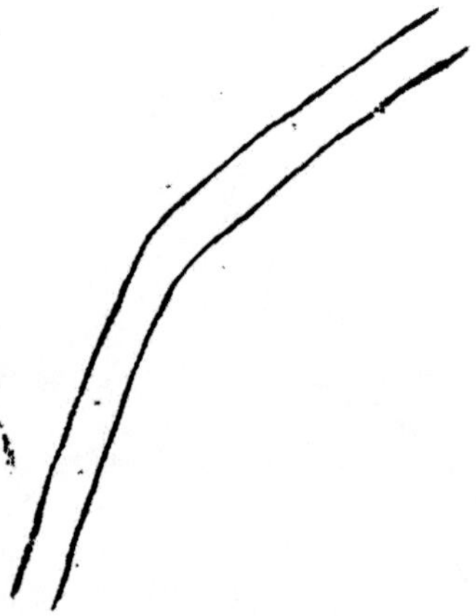

斜金似火照穴前

半貧半富賣田園

水內木外發中有敗

敗在下元

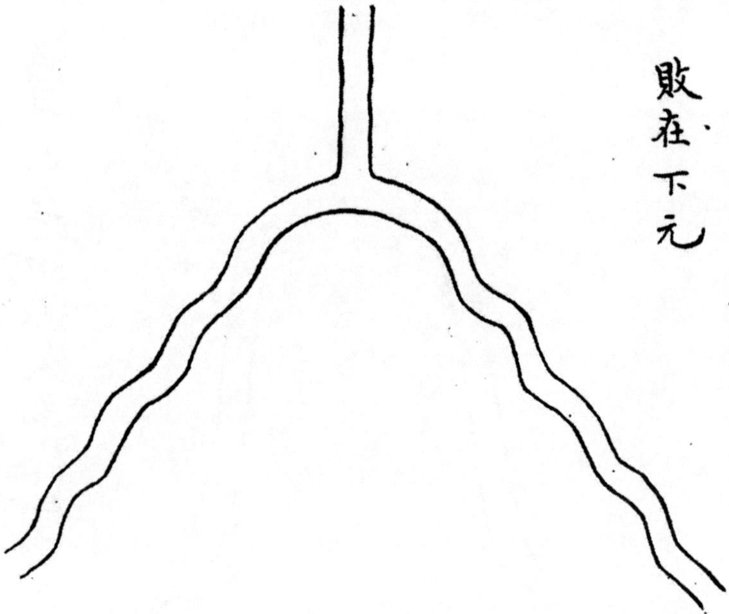

金。水。泛。濫。風聲可撼。

蔣公云、漏氣多。故少吉。

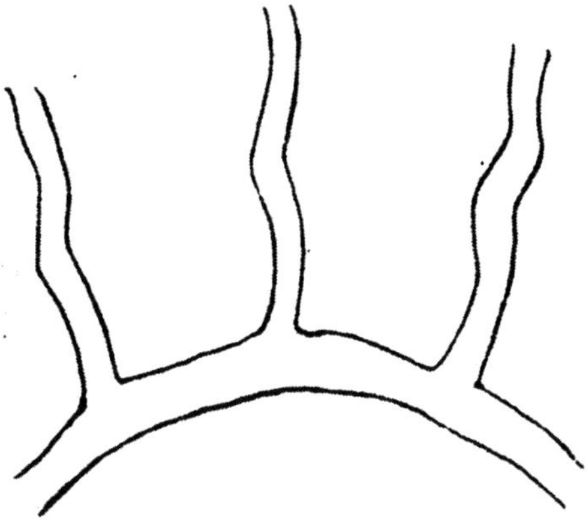

金水相生。富貴豪英。

此指曲水之短而止者言。

金星木來撞。子孫家傾蕩。

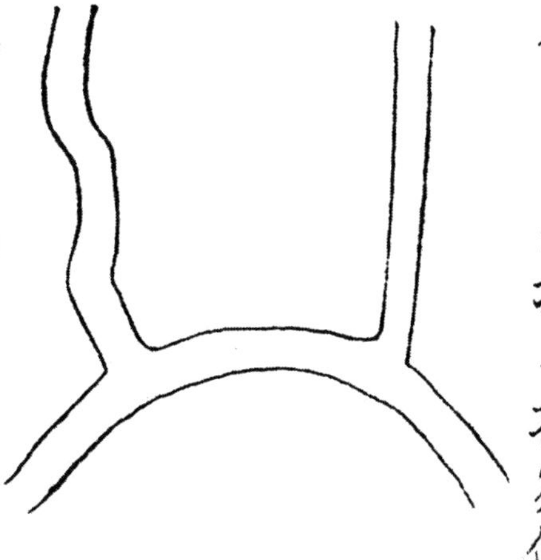

金水得地。子孫富貴。

木撞金城。子孫伶仃。

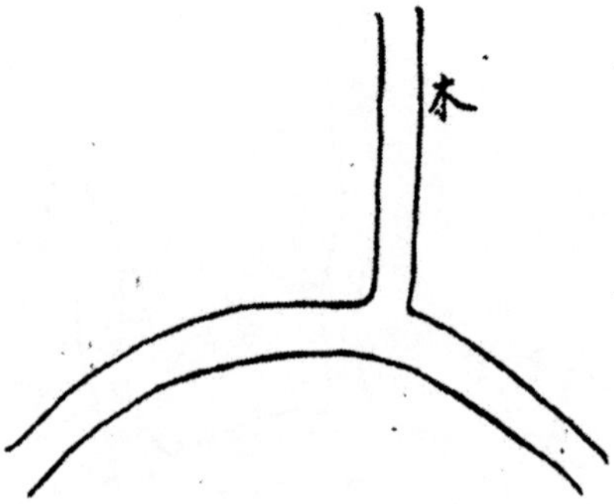

木火入金城。代代絕兒孫。

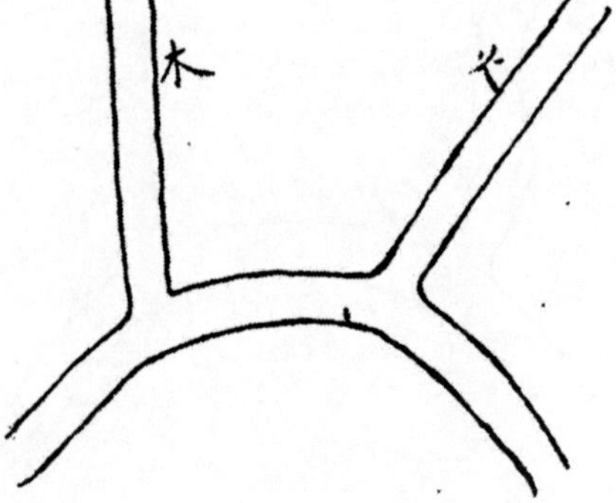

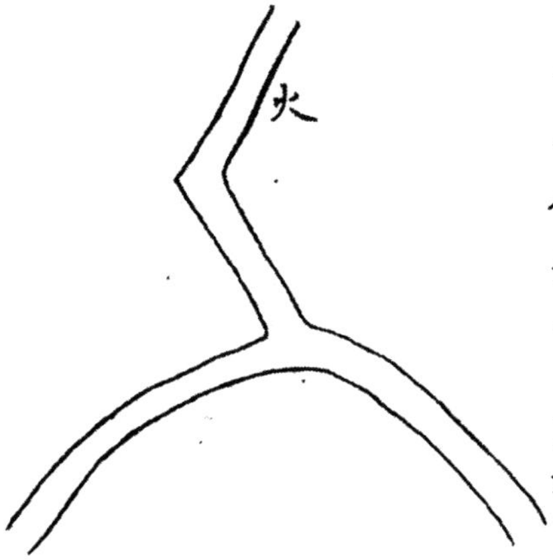

曲木入金城。官鬼損人丁。斜。直。為。火。

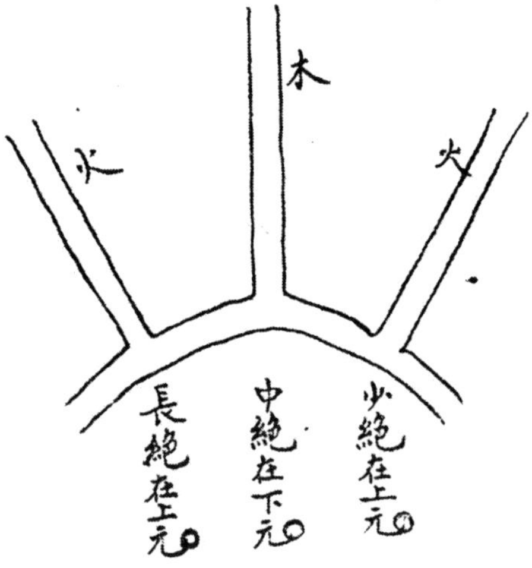

殺入金城。窮敗無丁。

火尅金城○賊盜病瘟○

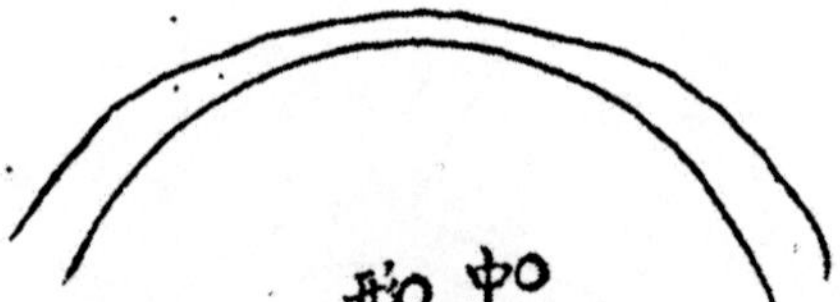

中細即成火形故曰火尅○

二火來尅金○災星日日臨○

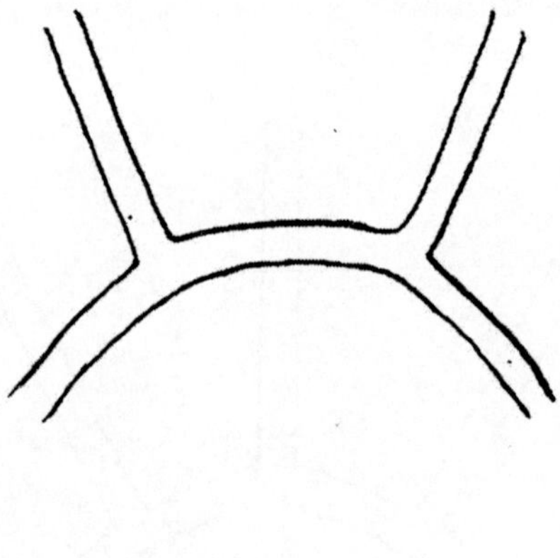

直來為木○橫斜即火○

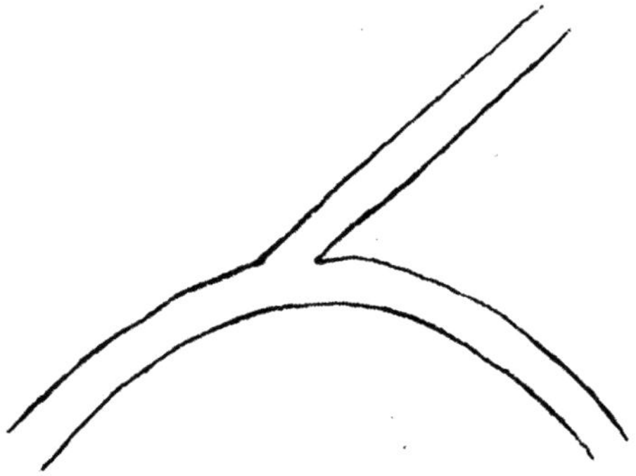

金火相刑敗絕無丁

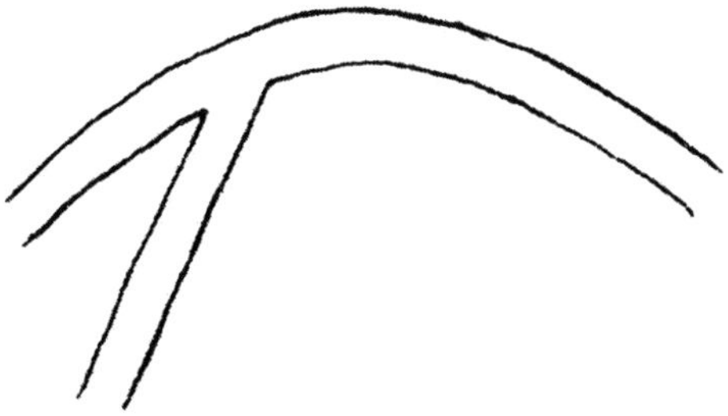

仝上

水星得地。金屋富貴。

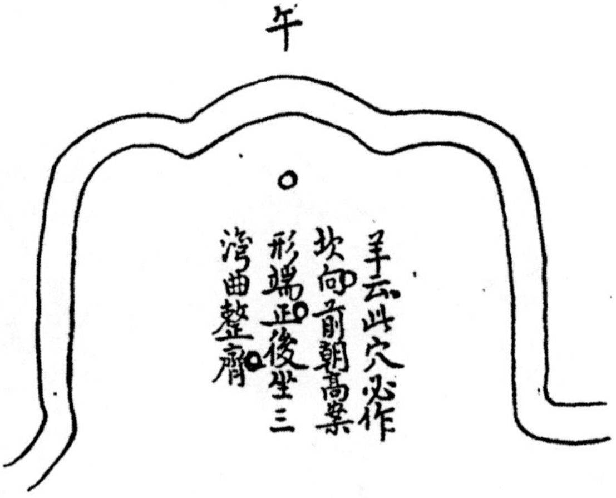

穴親離水坎氣真。三元儒服有殽名。
高砂更得来朝穴。解狀文章達帝京。

二水應門前富貴有銀錢

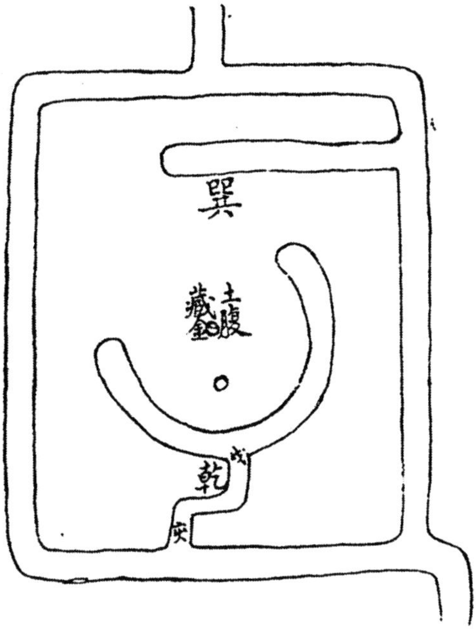

羊云此係乾巽局故在中元富貴他局不合非謂二水應門前便是上格也

水星入土曲來沖
先主尅財福後豐

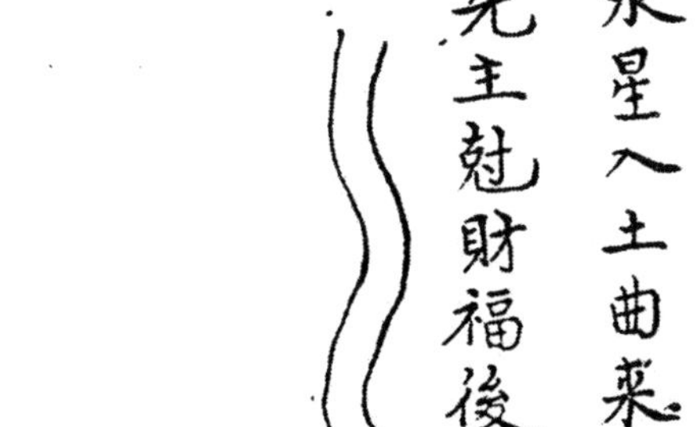

土星抱穴。富貴不歇。

土星右轉來。家富足錢財。

羊云土。星。抱。穴。豈。為。佳。若到中、元發秀吓。也有文章光帝座。滿城花。放洛陽街。

汪云、上二穴大須人功圖不可拘。

土。星。直。去。無。回。意。不久家門退。

前後俱忌。

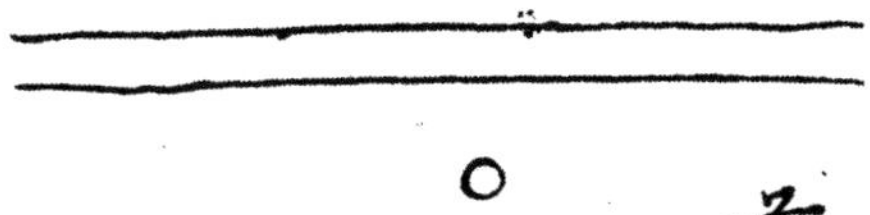

土。城。反。去。絶敗身家。

貧窮淫亂。軍配天涯。

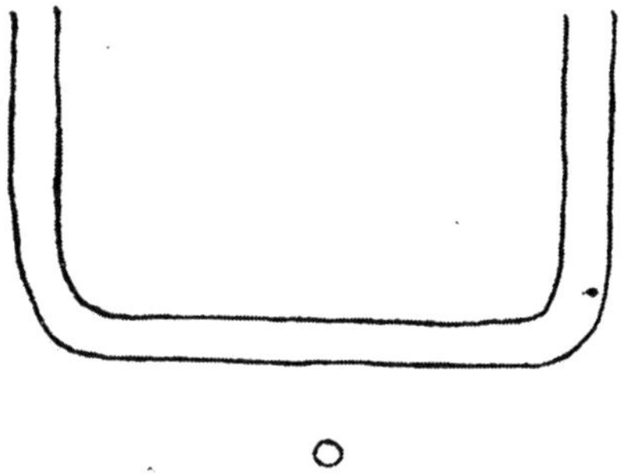

土。城。帶。火。別離鄉土。

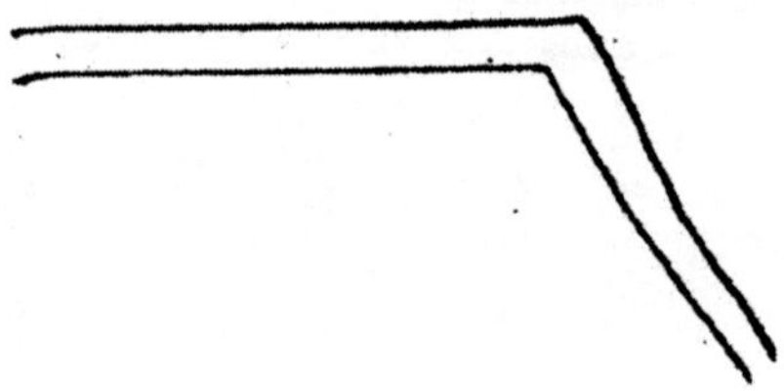

直。木。撞。門。人口不存。

後有木人来尅土
公事絶離流竄苦

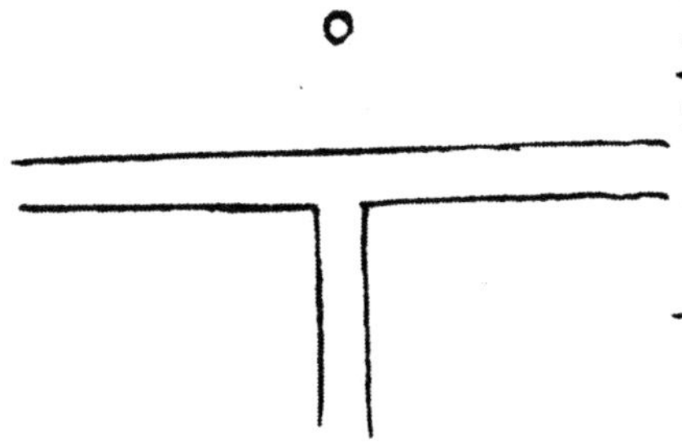

直木如鎗公事横殃 又云
水直冲穴中房敗絶

正木直行退敗動瘟斜
木不堪為下後主生離

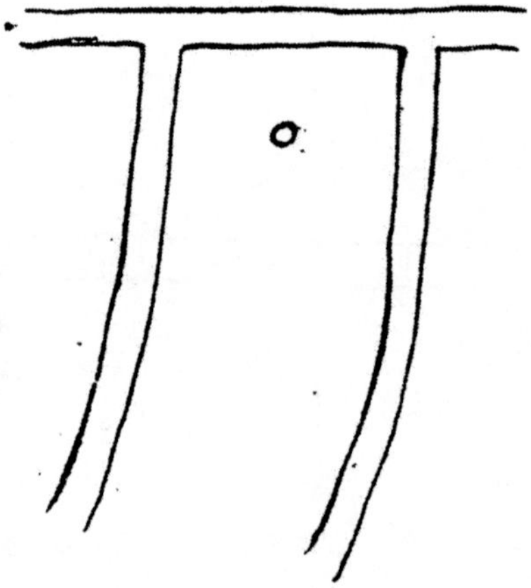

斜木來時似火飛其中扦穴怎相宜
劫盜瘟災常自有人離財散各東西

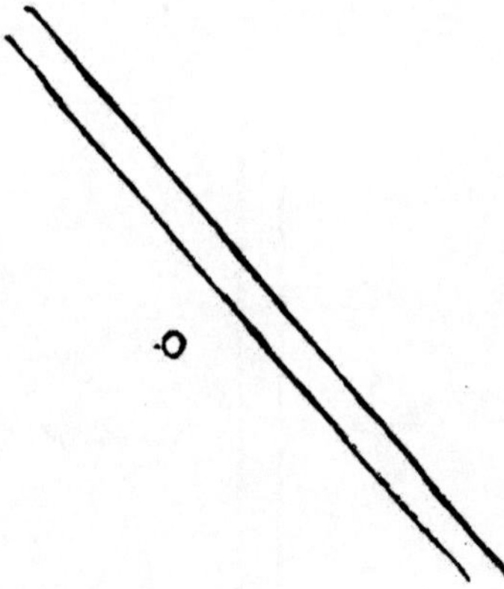

水似木叉瘟絶孤貧
尖砂隨水出子孫做軍賊

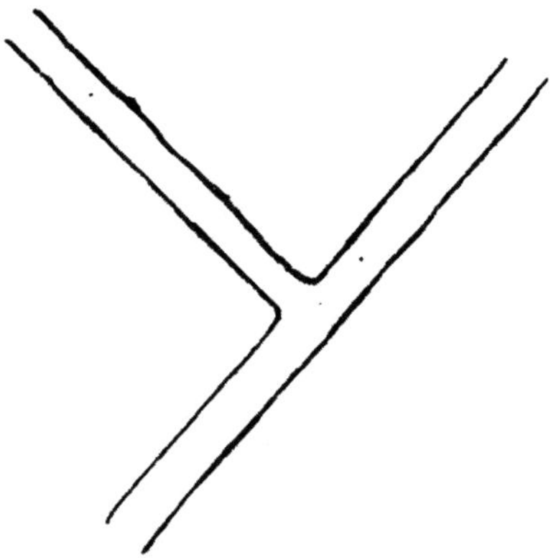

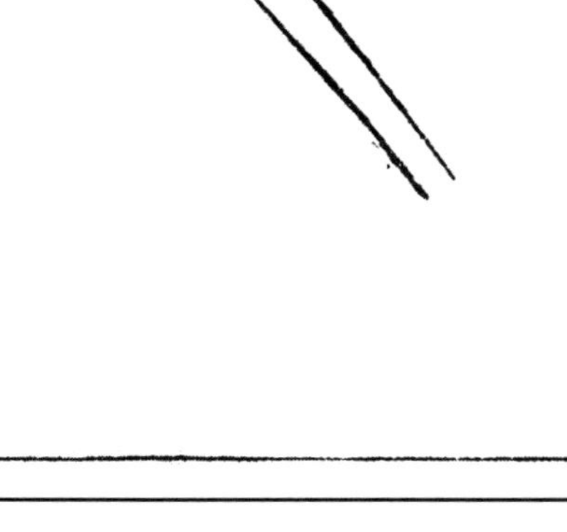

直水來冲面怪在前頭見其
家瘟火定燒空水短見虛驚

水城合掌流退盡好田牛
兩脚飛走不久絶禰

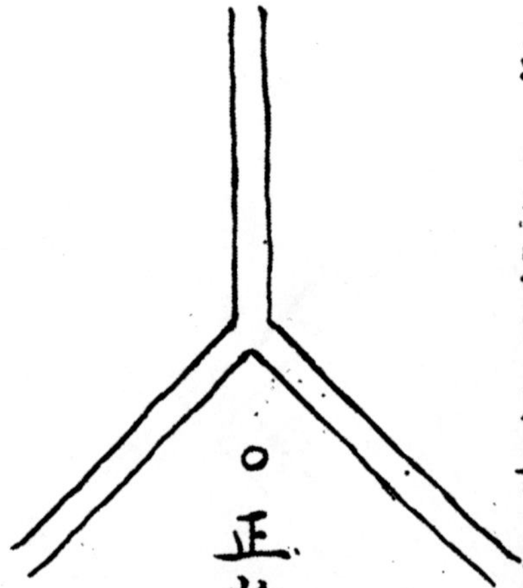

正火一名犂頭尖

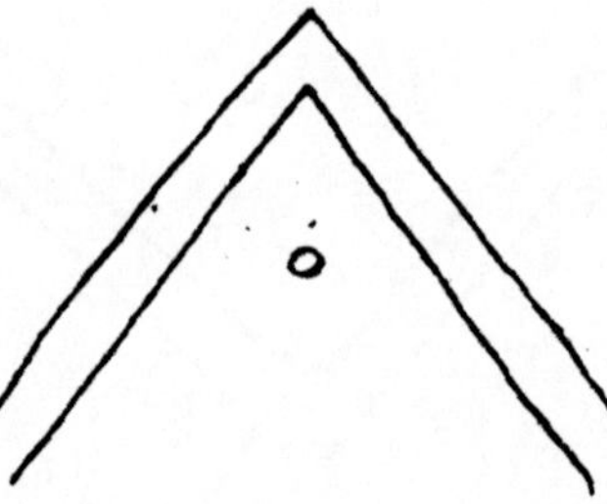

火城反去淫亂不良家貧徒配絶嗣離鄉
尖火後反攻忤逆各西東若還如此樣絶嗣又貧窮

倒火

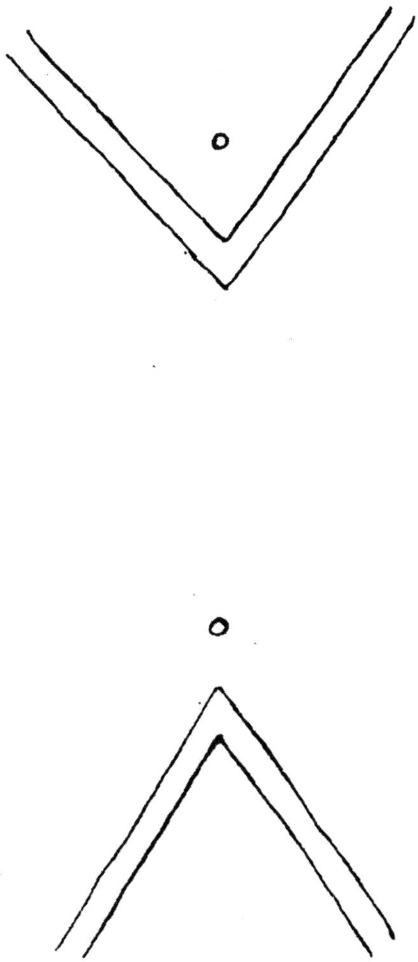

右火斜飛兄偷弟婦
左火斜飛弟偷兄嫂

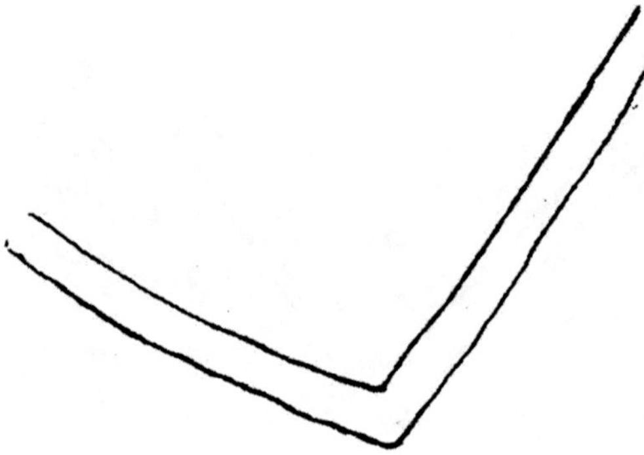

刀鎗之水反射身徒配遠充軍
子孫忤逆面前八字水流

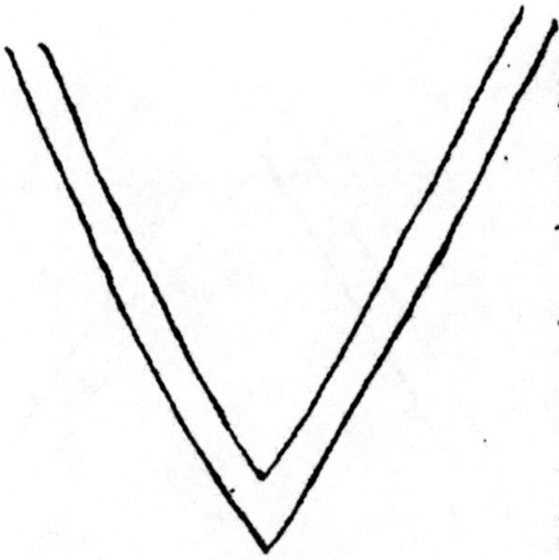

右。火。反。飛。逃走東西。左。火。斜。飛。
軍賊傷夷。流離外死。絕子無依。

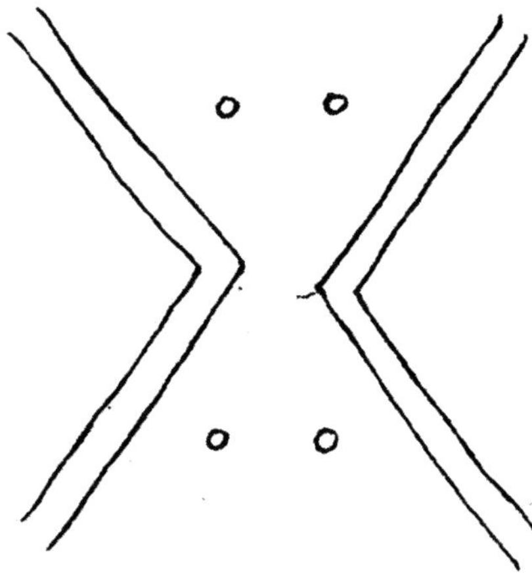

尖。火。射。其。身。
官刑絕子孫。

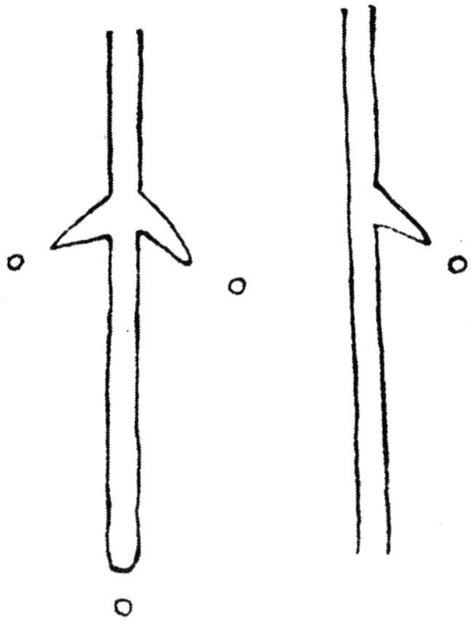

燥火焰々動老死無人送

火走向外飛走死不能歸

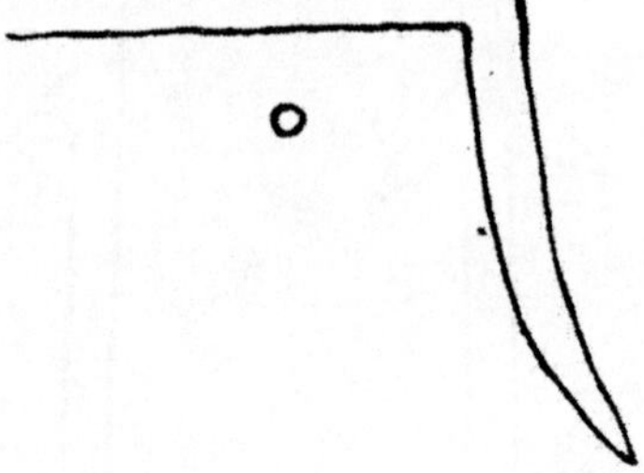

逆木順木官非祿〻換妻棄子
退盡家穀
火星屈曲飛無食又無衣

論四獸
朱雀之前三水反男盜女淫無
衣飯

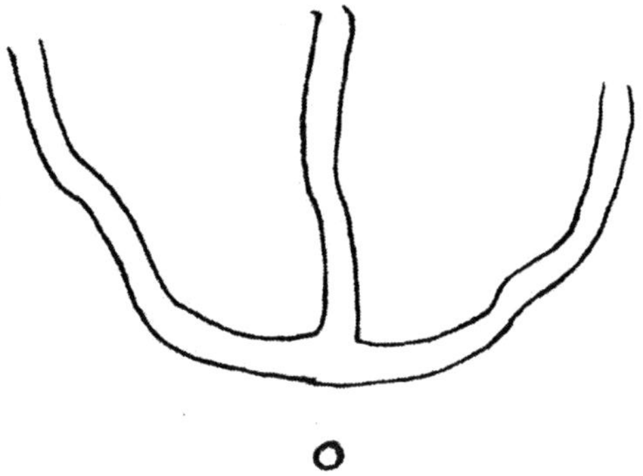

發福久長。定是水纏玄武。

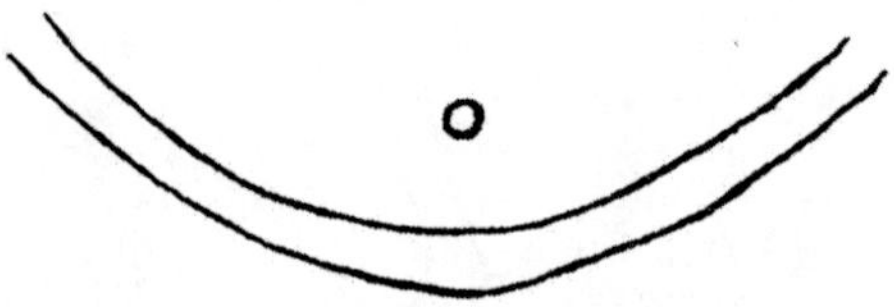

水法幾千章。無如後抱良。

玄武之水湖池有。定宅安孜福祿宜。

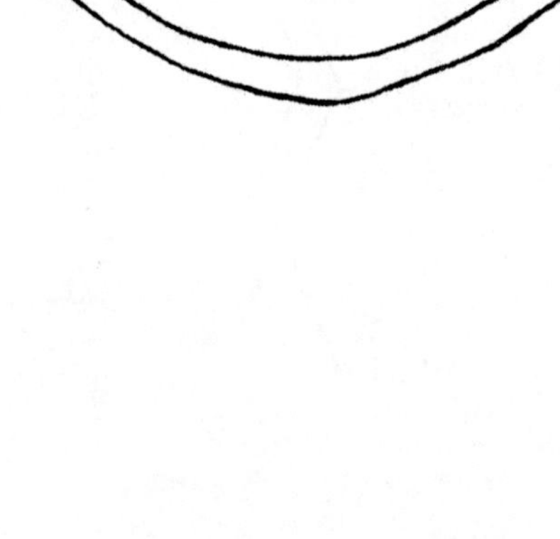

湖池。謂龍頭。言盡收坐後之水而成湖池也。

坟後有水兩三抱。
為官悠久家長好。

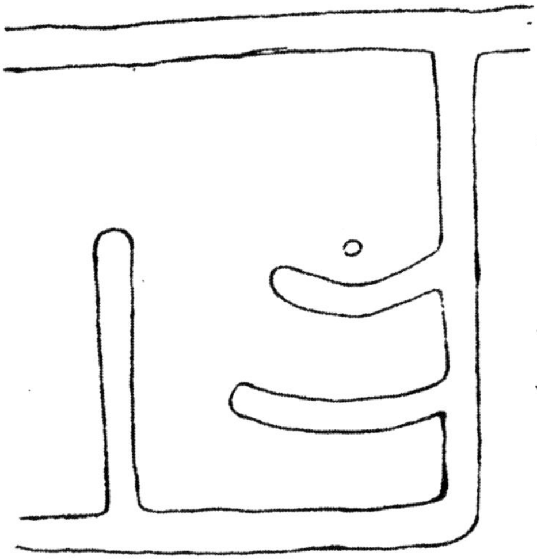

水冲玄武頭。枷鎖去為囚。
前丁後丁。主絶人丁。

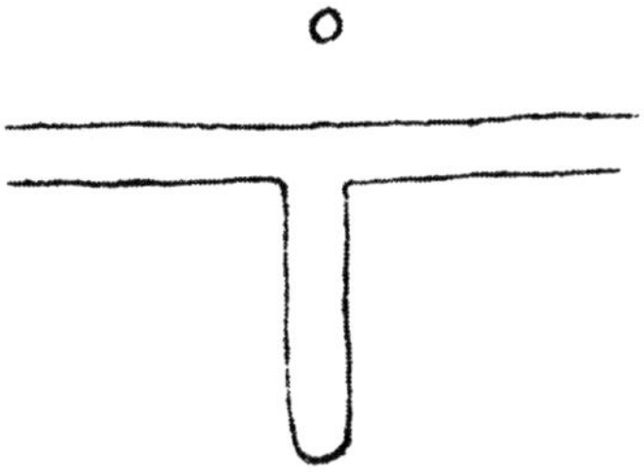

玄武吐舌水風吹。
絕嗣官災少死隨。

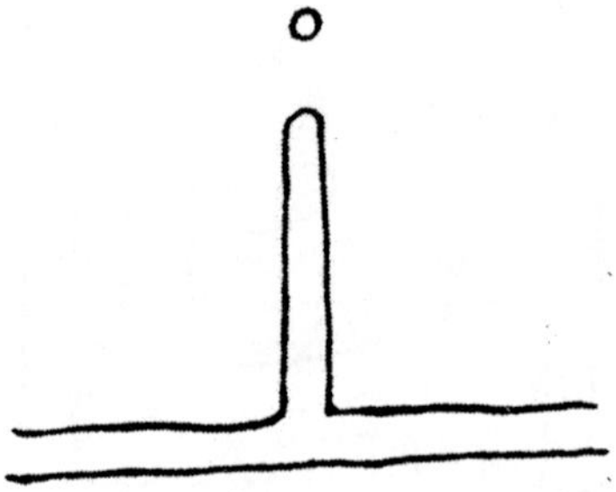

撇裙之水最無情。
兩脚分開惹動人。

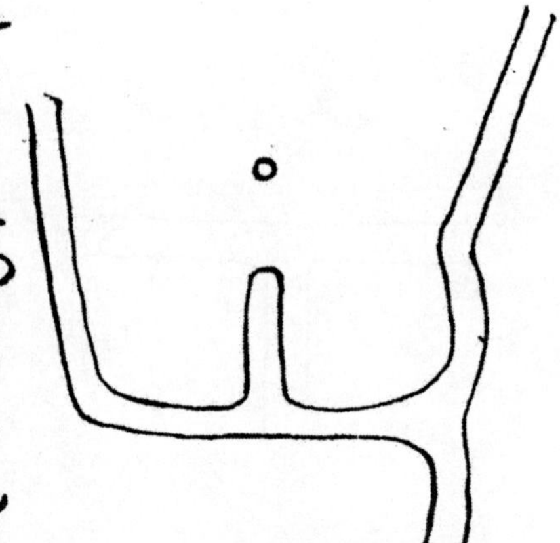

玄武之上有水沖。
其家絕子媳淫翁。

兩邊龍虎灣灣抱〇富貴雙雙到〇若然點穴得其加神童定作狀元郎〇

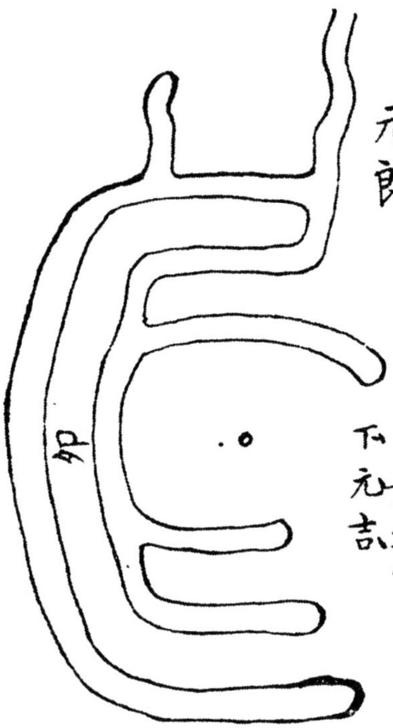

兑龍到宮下元吉

汪云神童狀元皆從兑為少男推出來

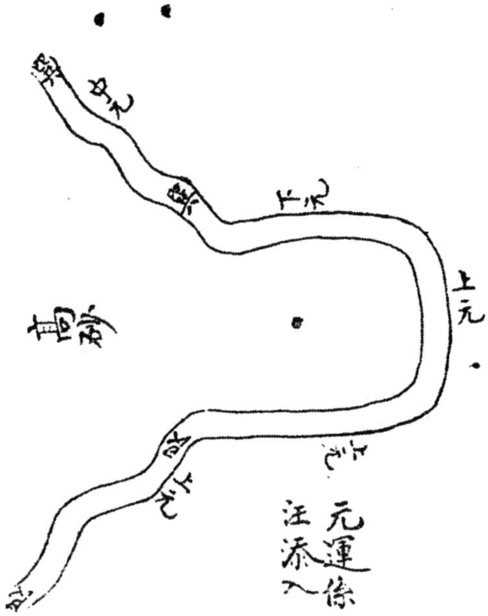

青龍水轉抱其身〇須知此地出官人〇

元運係汪添入

青龍白虎兩分張。
徒流退敗主離鄉。

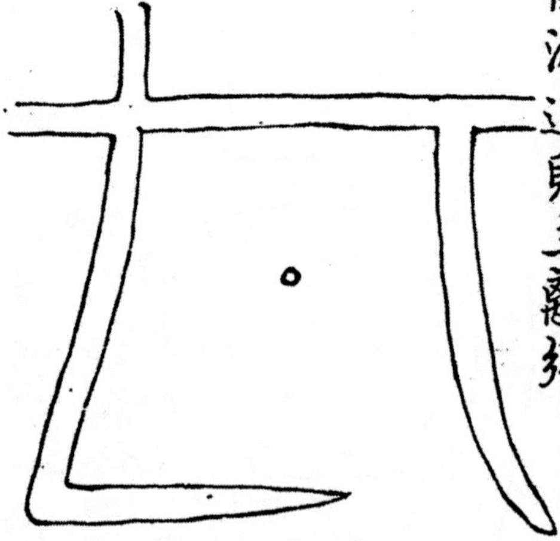

水口無山閉。先賣爹娘地。
出賊敗亡凶。流配為邊戍。

白虎水如飛。不久便迯移。

青龍直走如飛去。代代人难住。

水打白虎腳。少子命難保。

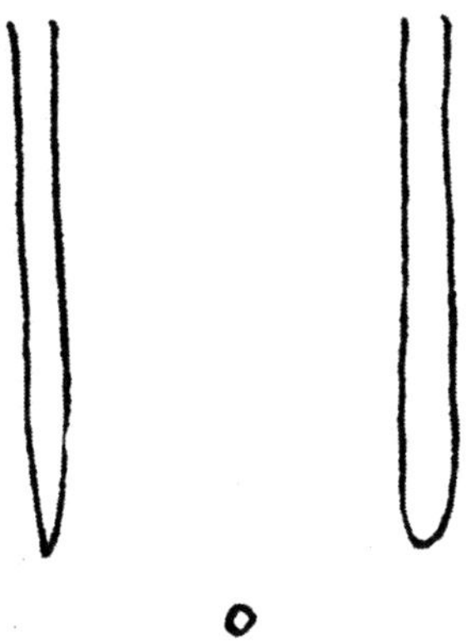

水打青龍頭。長子命先憂。

同上

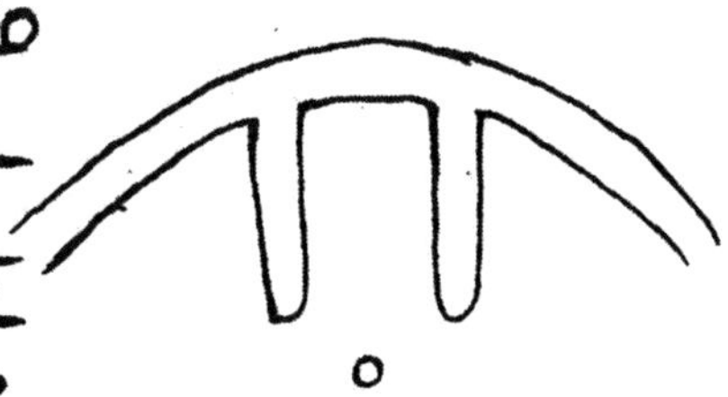

有子出家。定是水冲城脚。

左右兩邊水反去。
兒抛父母離鄉住。

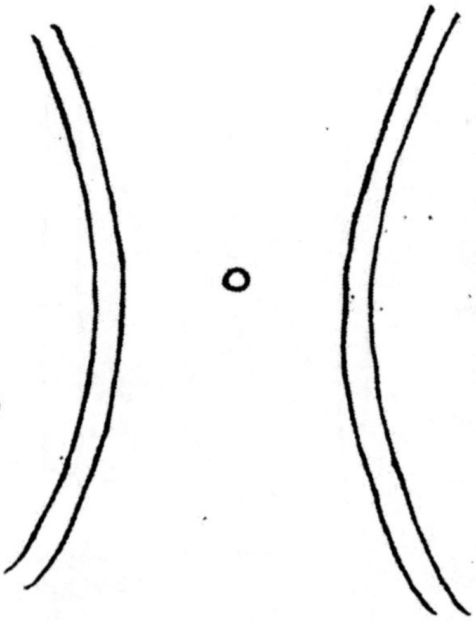

兩邊水去不回頭。
財物鬼來偷。

白虎啣屍。鰥寡無資。
少亡絶嗣。横夭扛屍。

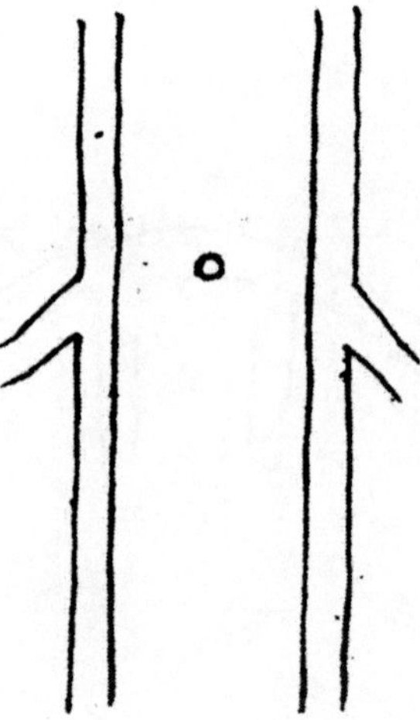

青龍吞塚。瘋盲炊腫。
横夭痴呆。離鄉絶種。

白虎冲腸。少子刑傷。

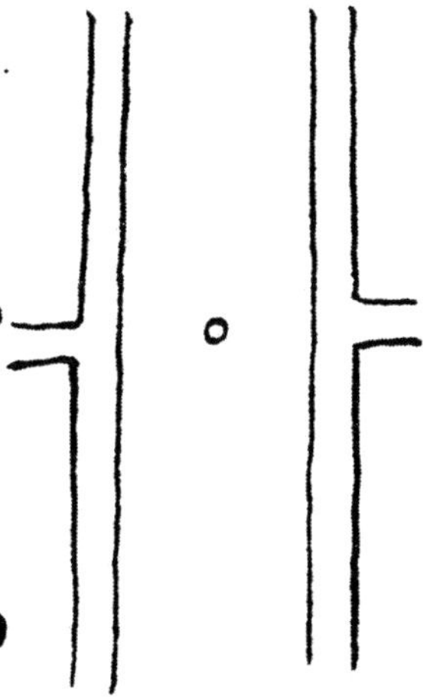

青龍冲腹。長子瘋疫。

白虎啣屍。貧老無兒。

青龍吞塚。憂惶種種。

青龍之水抱坟塊〇
出入富貴不須憂〇

中元
下元

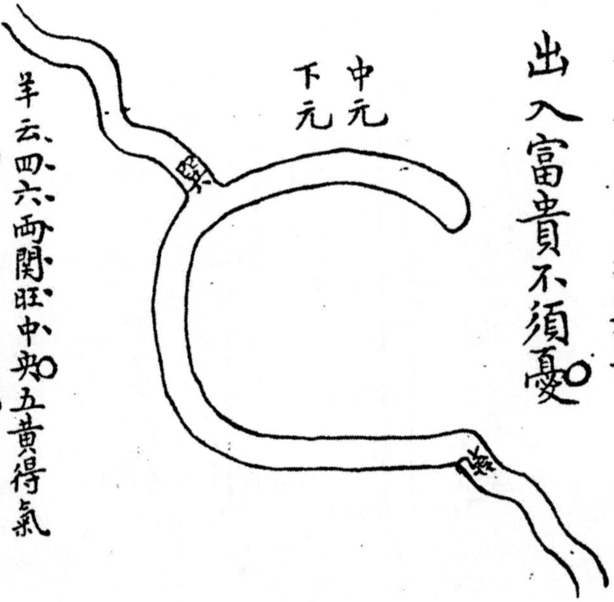

羊云、四六兩關旺中央〇五黄得氣顯文章〇兌方開敞風散〇七赤元中事照常〇

青龍灣轉如牛角〇
子孫代代登紫閣〇

中元

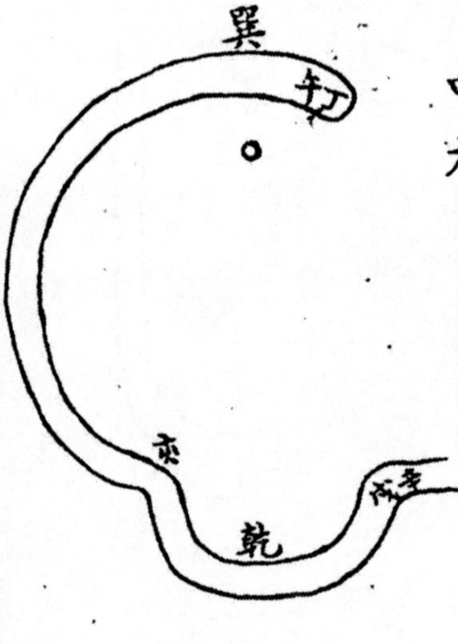

汪云、此是龍頭穴〇蔣公所云見首反醜求腹取裁者也〇明受為摯巧取為停惟中孔摯騎可兼〇

三元俱吉

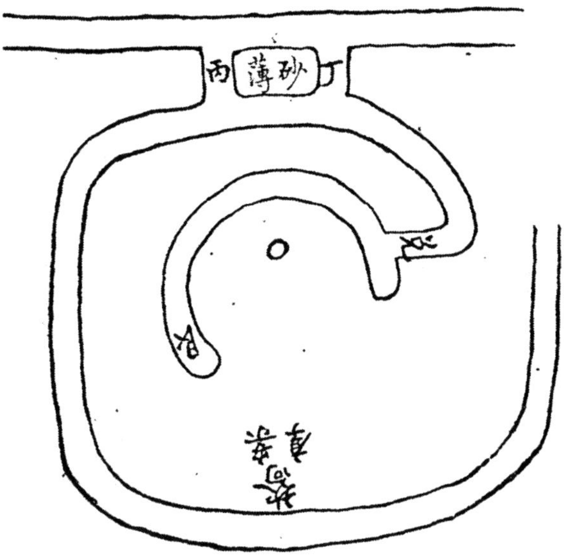

青龍之上有浜來○此地安坟任點栽○
更得後河（三陽之水）多積水○世世兒孫解狀才○

三元俱吉

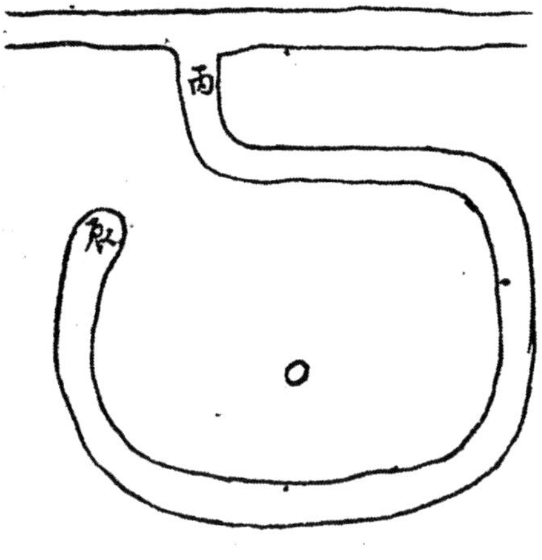

青龍左轉抱其身○
富貴有聲名○

青龍抱體足堪誇○
其家年少達京華○

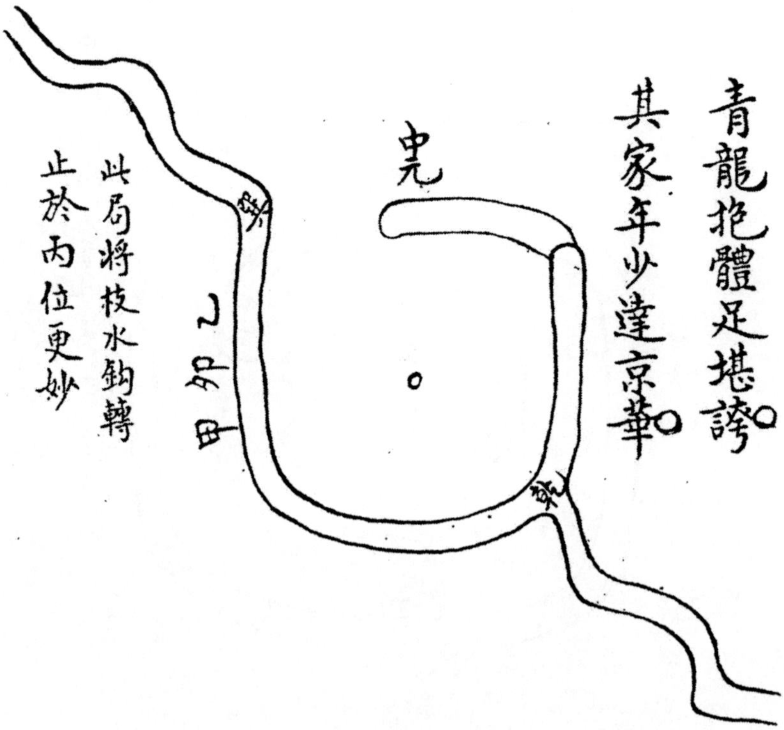

此局將枝水鈎轉
止於內位更妙

青龍灣抱穴○
富貴廣田庄○
下元

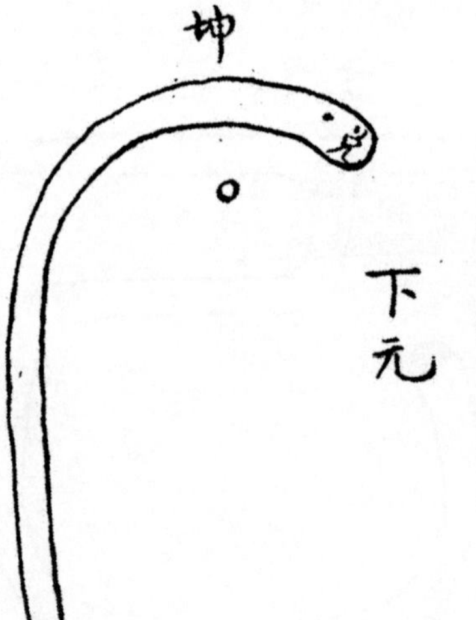

青龍一水若鎗來。子孫必定惹凶災。

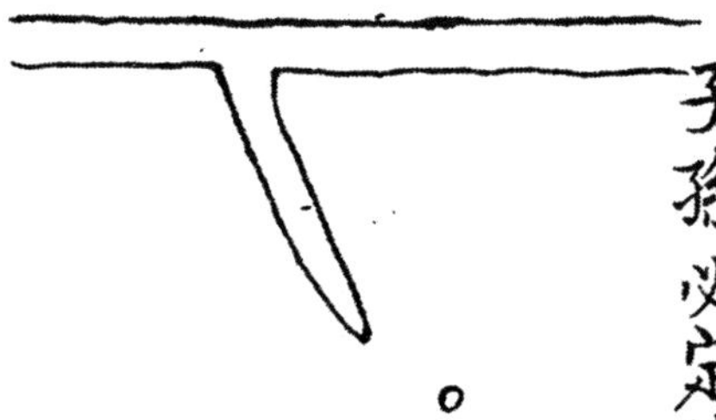

青龍水射入。子孫死傷并軍賊。

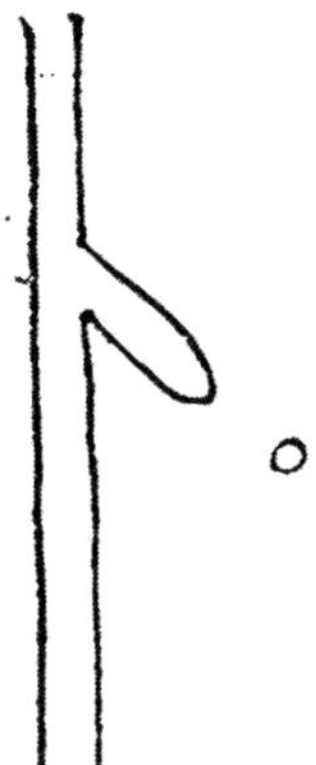

青龍頭上水反飛。家破更人離。

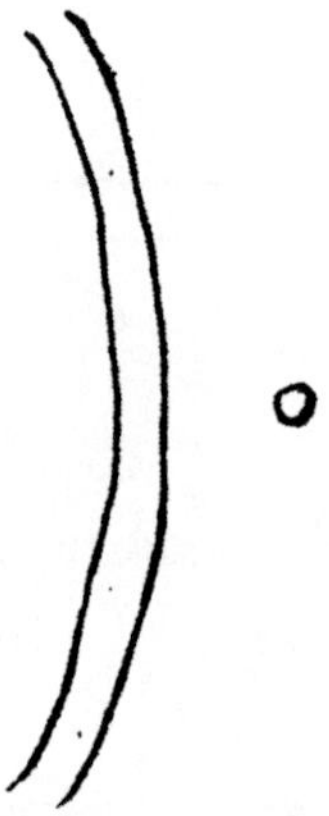

青龍水多破。下後生災禍。

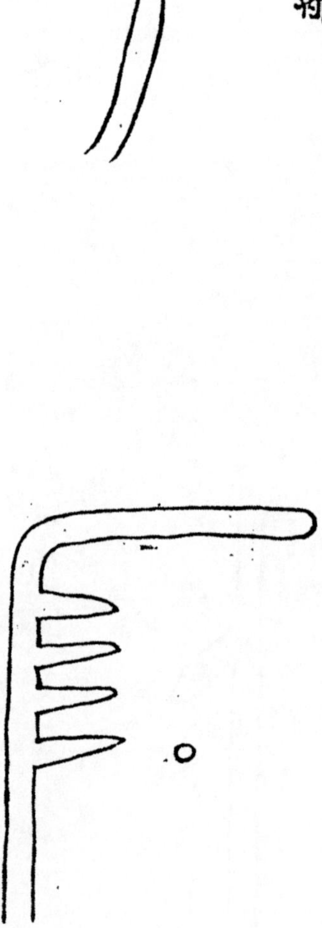

此名金鵞箭。主瘋疾破敗。

青龍水似龍。富貴比石崇。
屈曲門前照。子息侍王宮。

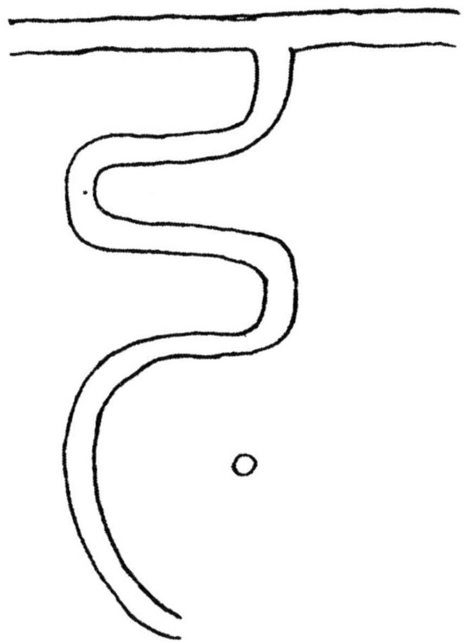

青龍屈曲抱身來。
世、兒孫入帝臺。

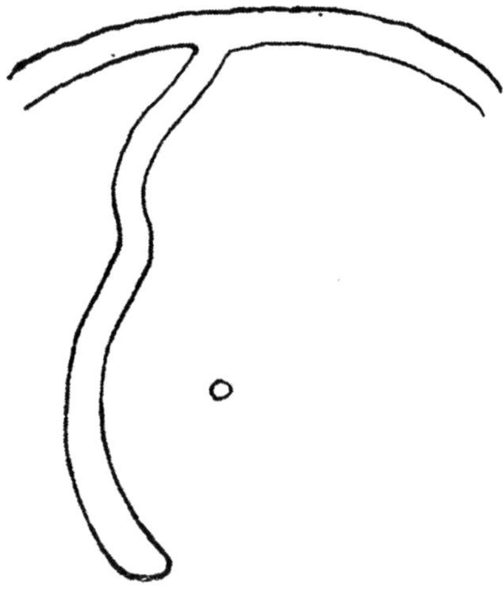

青龍水反逆。子孫無官職。
君若誤折此。誤殺人千百。

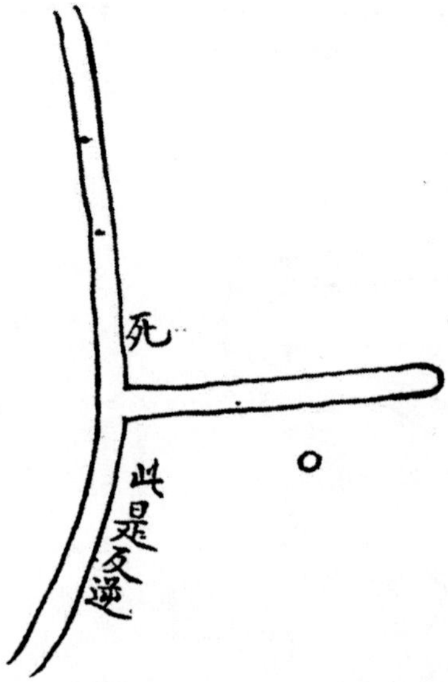

青龍反去不回身。長子
定先貧。

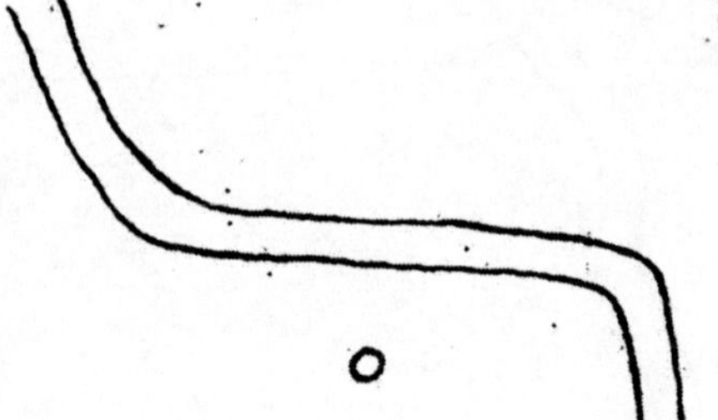

白虎水抱三兩重。兒孫發福永無窮。必定下元逢此地。方能一葢便興隆。

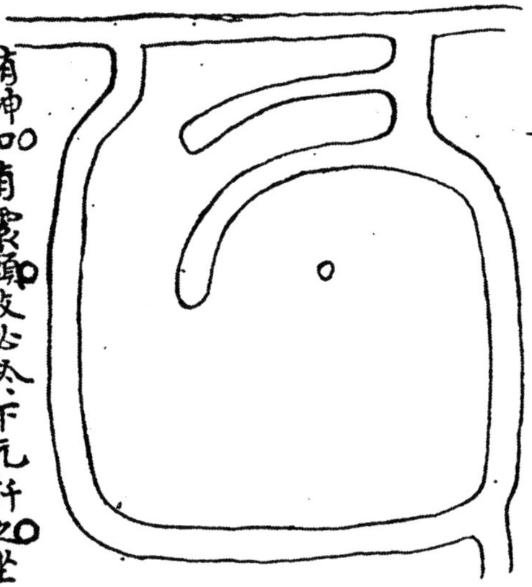

有坤口。有震頭。故必於下元扦之。坐向收貪狼。楊公云貪狼原是發來遲。坐向穴中人不知是也。

白虎位上大池塘。兒孫衣食永無憂。此是下元真寶地。離方砂案更須求。

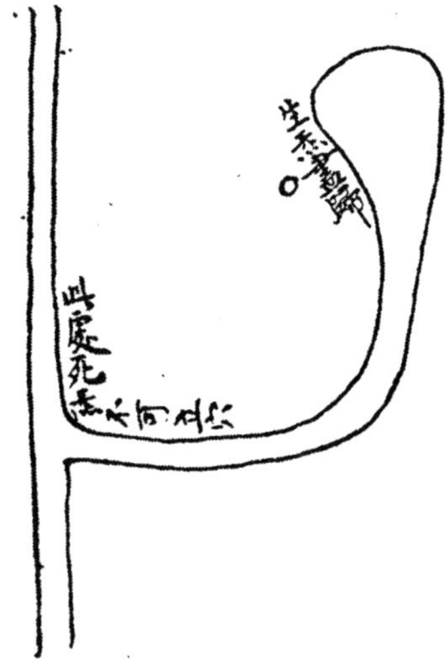

虎水象牙刀○兒孫掛錦袍○
兩重坤水頭○下元出公侯○

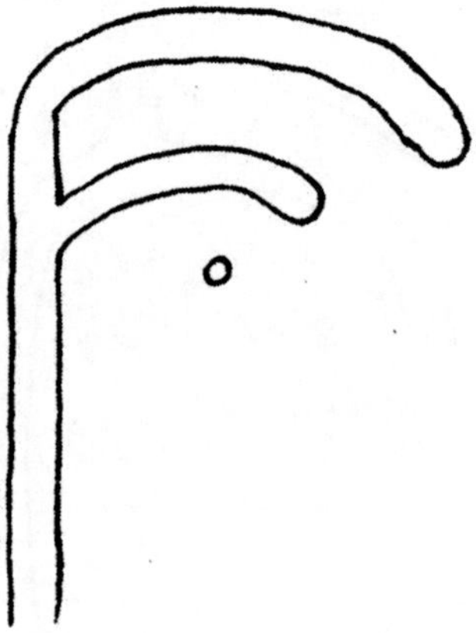

白虎遶如帶○代代官不壞○
可作三元水○還須七赤在○

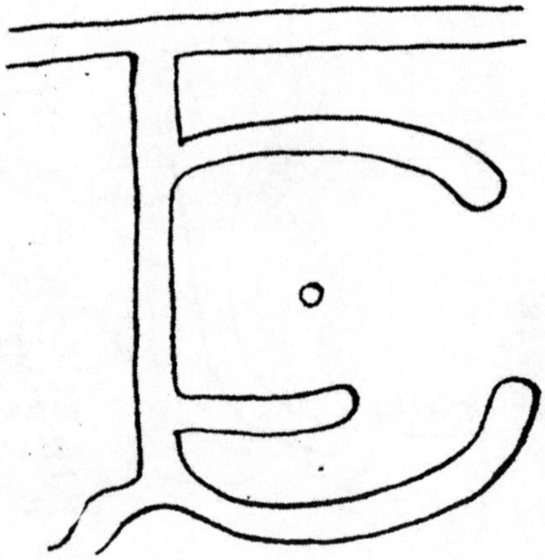

白虎有河尖○寡婦招郎
賣田園○

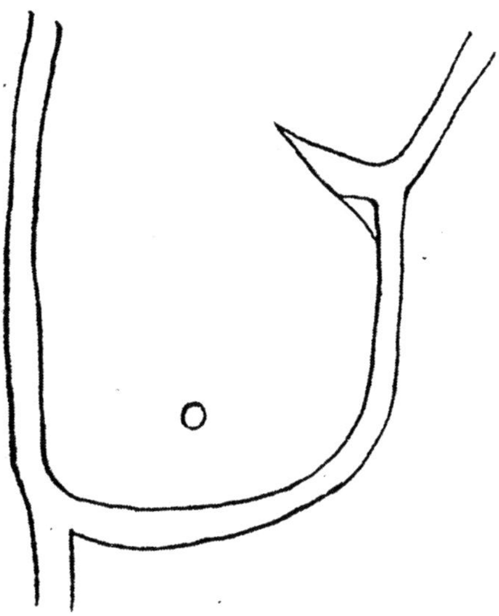

又云白虎一水去如飛○
子孫代代主迯移○

白虎勾來對着坟○子孫為
盜更兼貧○

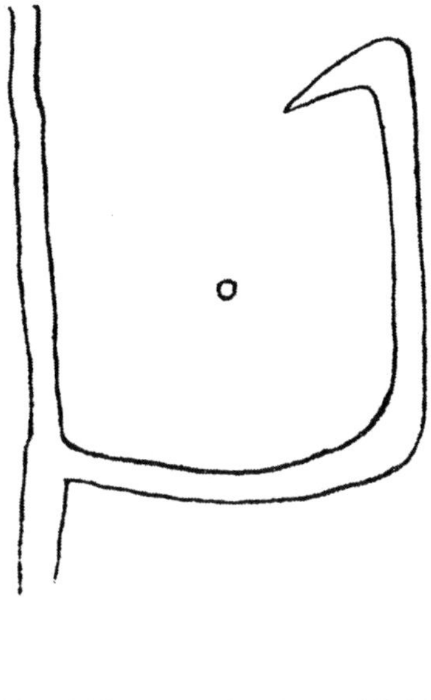

敗關之水白虎來。
瘟火及官災。

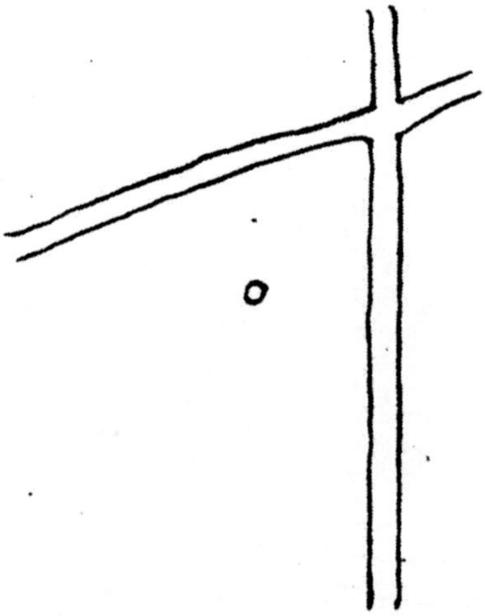

右邊砂水利如鎗。必定
子孫主殺傷。

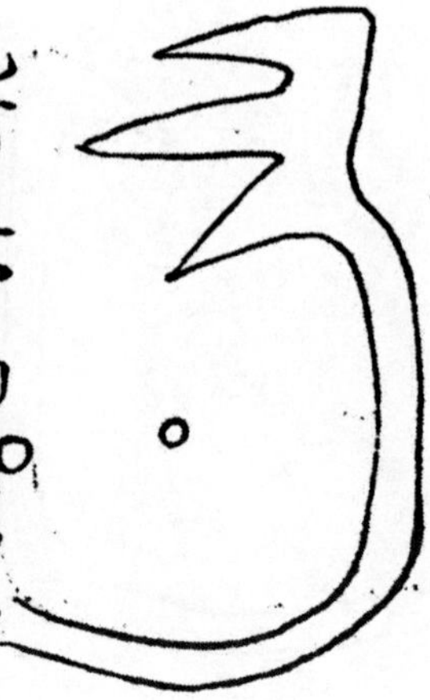

白虎河尖當面至。小子
賣田地。官事頻頻禍患
凶。長子橫亡貧。

論形局

貪狼之水面前朝子孫代代產英豪不問去來并前後宮居臺閣五雲高

汪云來去前後不論但後之去不如前之去

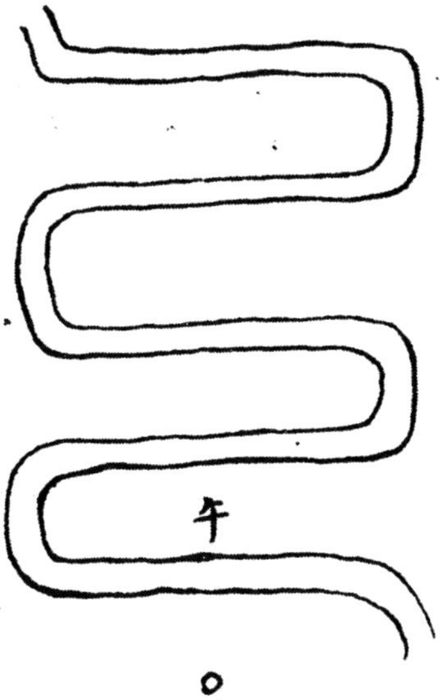

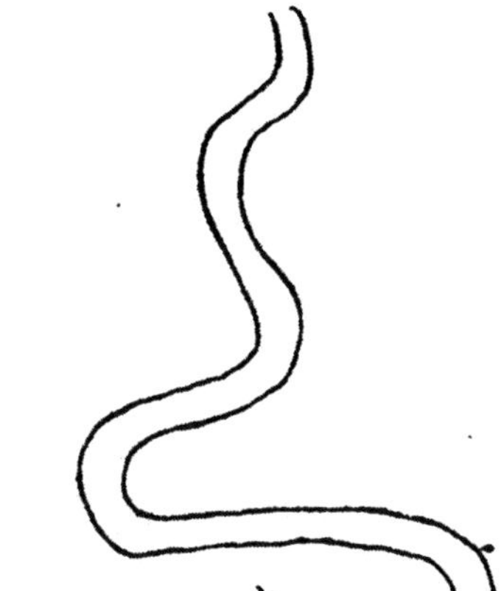

此龍名號上天龍佈散陽和宇宙中不但上元能富貴三元常見福無窮

一水朝来玄又玄。貼水安坟坎

氣尊。高砂更得明

堂，濶。三元常見

福綿。

注云丙必癸向。

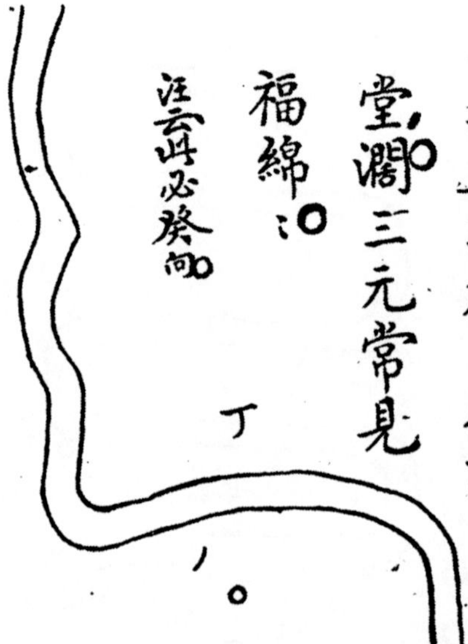

又云之玄屈曲應門前。

富貴兩兼全。

水轉三灣。富貴安閑。

若扦此地。官顯朝班。

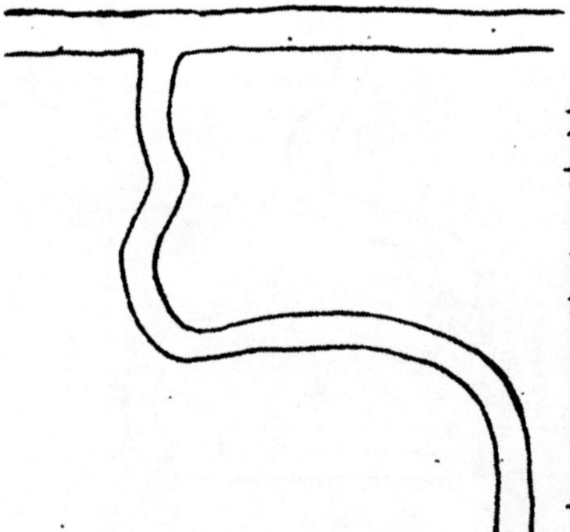

此即乙字旁身玉帶長。

水從左來穴居右○

富貴而壽○

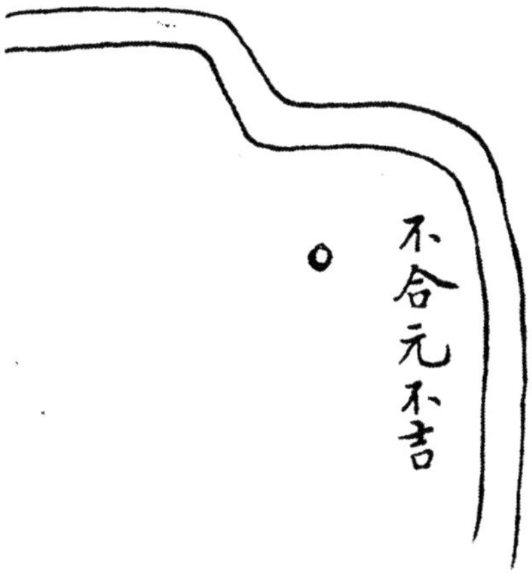

水從右來穴居左○

官高兩府○

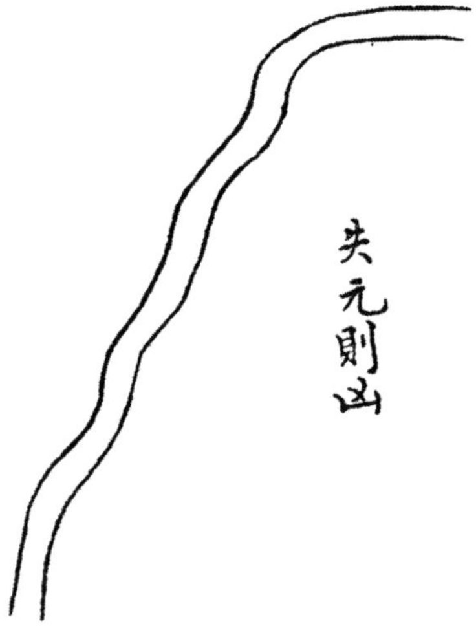

鬬○

龍虎一無輕重是之謂鬬

龍虎兩相鬬○忤逆多凶咎○

父子不相親○弟兄如仇冦○

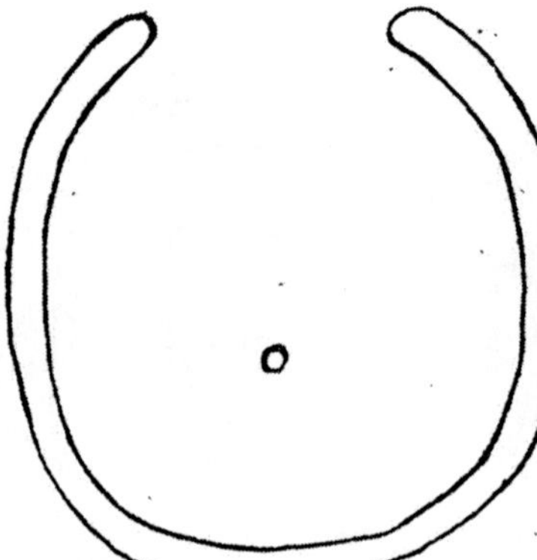

此是斷浜

是為死龍

左右水直無収○

定無子嗣守邱○

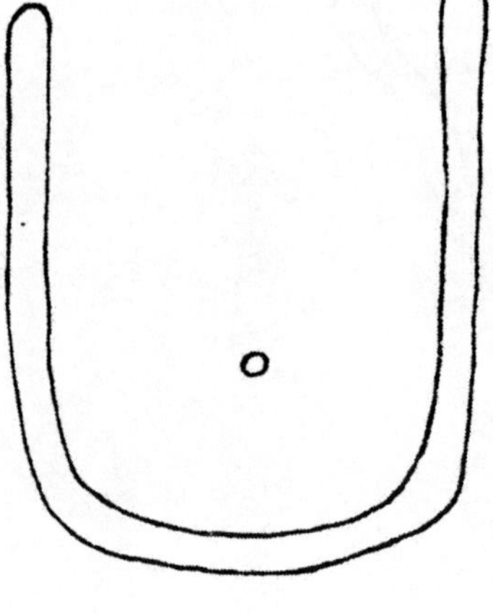

逸○

水似生蛇○二穴最佳○葬若逢此○富貴儒家○

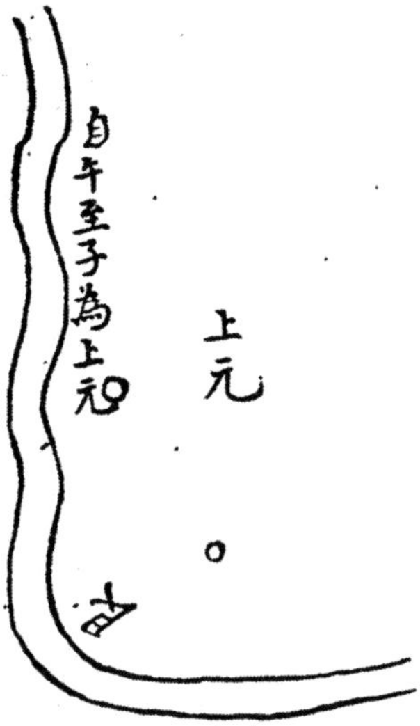

羊云

繞身一水最為良○艮上

垙攔坤氣長○一白元中真富

貴○運交七赤走他鄉○

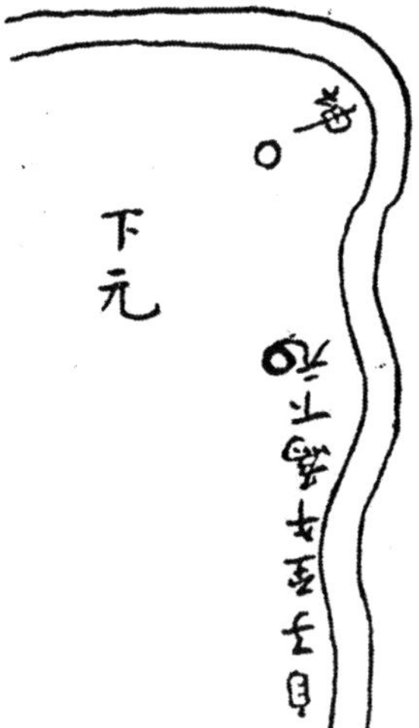

羊云

坤水垙攔艮氣酣○下元穴

此出高官○要知此地何時敗○一

白相交受苦寒○

右畔有池兜。富貴永無休。

此即一道單纏盡頭結穴也。

上元

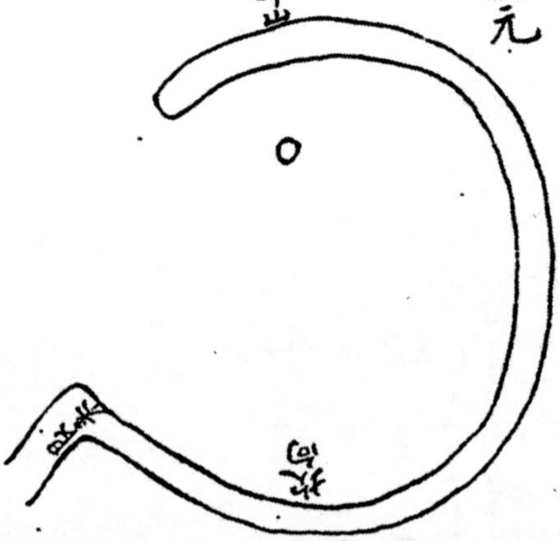

汪云入口與到頭皆上元骨子而包下元於中間故發福悠久因龍頭帶灣決無換之之法故立騎龍穴即歸厚錄所云見首反醜求腹取裁天元歌所云還從一道作龍窠也

迴龍之水穴居灣。為官不等閒。

下元

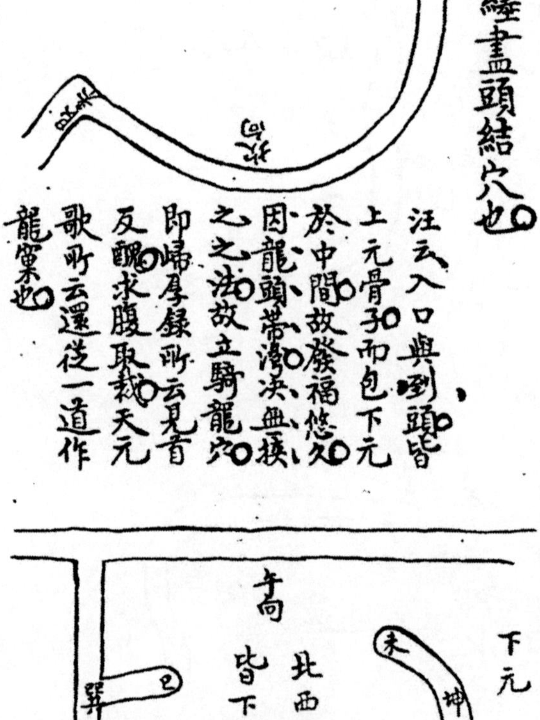

艮上來龍過午丁。龍頭一穴上元興。明堂坎上高砂案。富貴連綿七赤貿。一羊心

羊云巽方分脈住坤方。坎水親身離炁長。卻使豐亨誇七赤。上元一見減輝光。

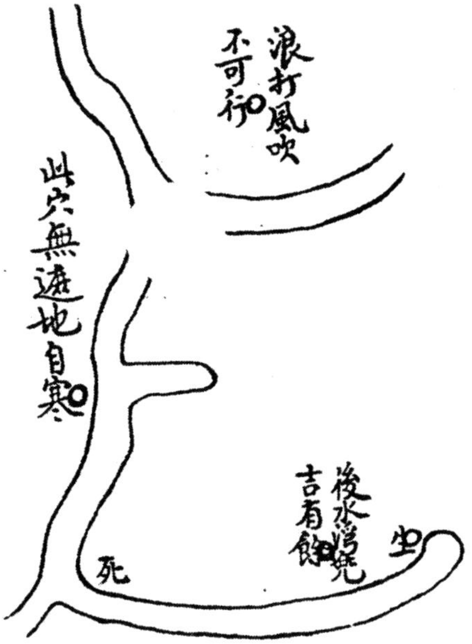

西朝水迈歸西去子孫登科第
東朝水迈歸東去日後欽名譽

單局可穴双局不可穴蓋貼身雖抱而外水則反背也

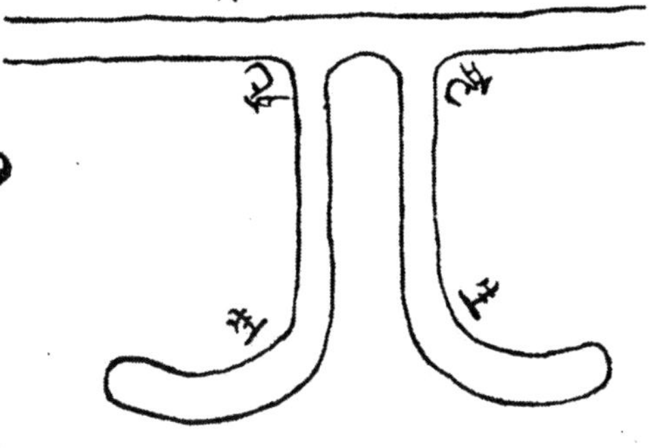

注云西朝者下元發東朝者上元發此必是龍頭穴圖失真也

右邊二水抱。家內足金寶。

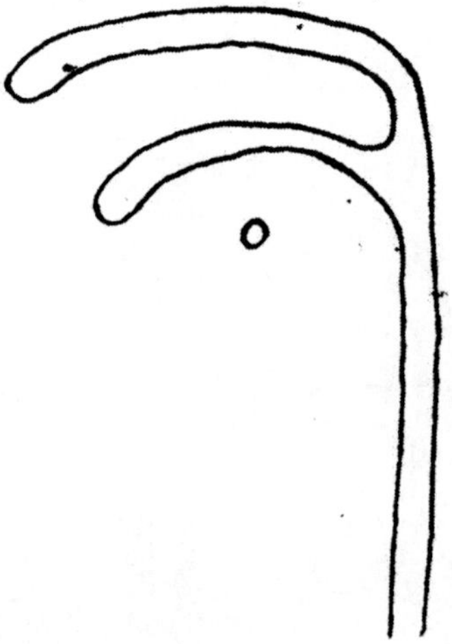

圖特明右抱之佳。非謂如是已成局也。

右水若勾身。子孫投軍必殺人。

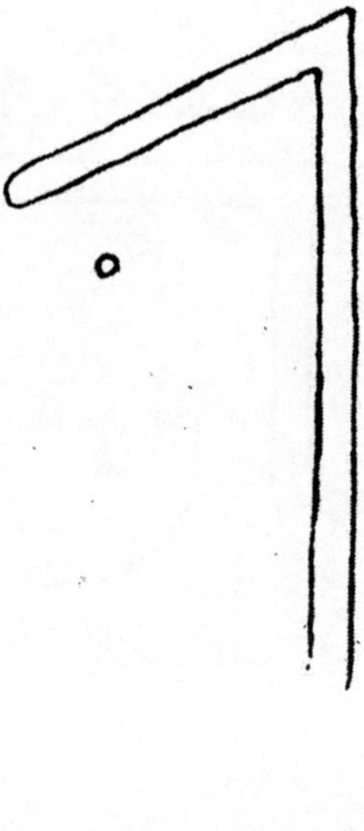

衝。射。

有子出家。只為水冲城脚。面前如華柱。子孫離鄉去。

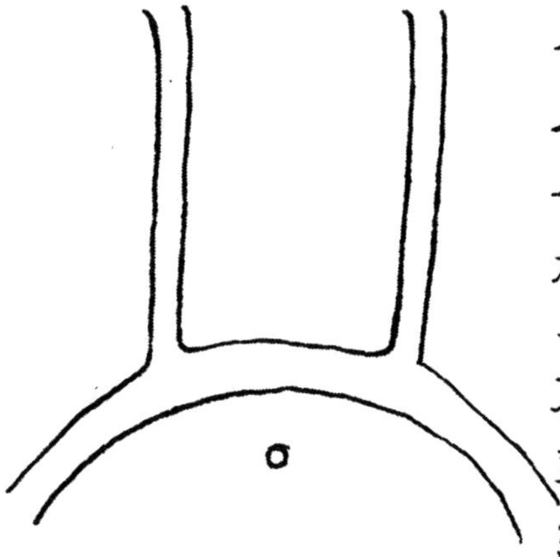

二水不宜長。尅土主離鄉。

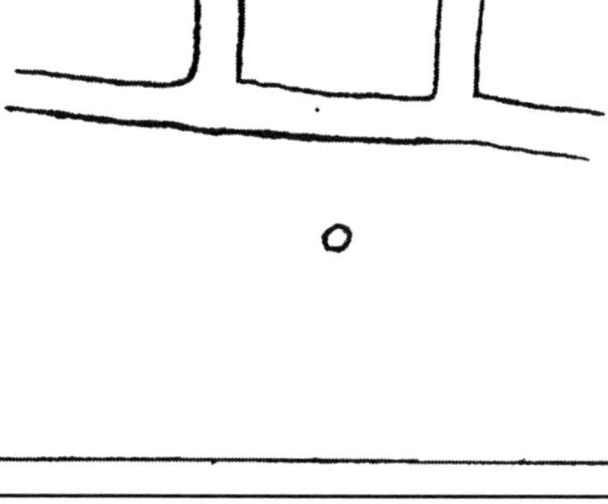

水若冲關。孤寡妻寒。如居前案。人死無棺。又云前冲之水兩分流。有井當中溢不休。

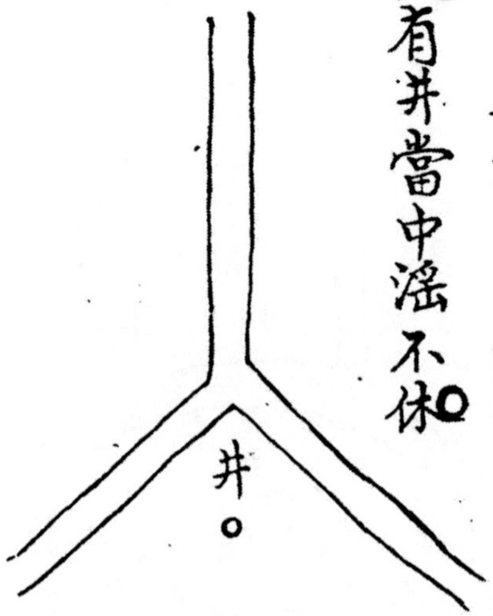

坟前一水直冲穴。兒孫必主絶。

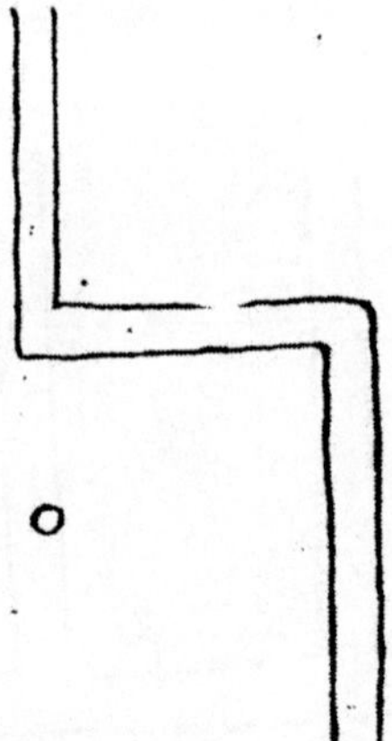

前面水沖穴。下後兒孫絕。後水若沖來。暴富出刑災。若居一代後。過房絕嗣哀。

此等地不可一朝居何能一代後方絕乎

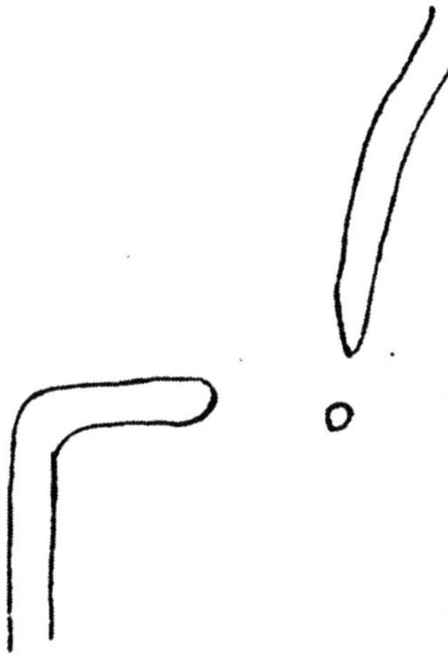

水沖龍臂。須看來勢。水短猶可。水長不利。

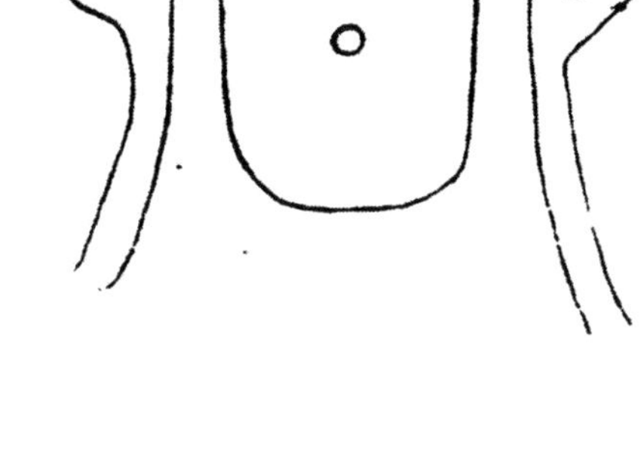

冲射反飛凶不可言

有水冲脇來。瘋患損人財。
右冲殺小。左冲殺長。

水流湾曲射佳城。
子孫僧道亦家貧。

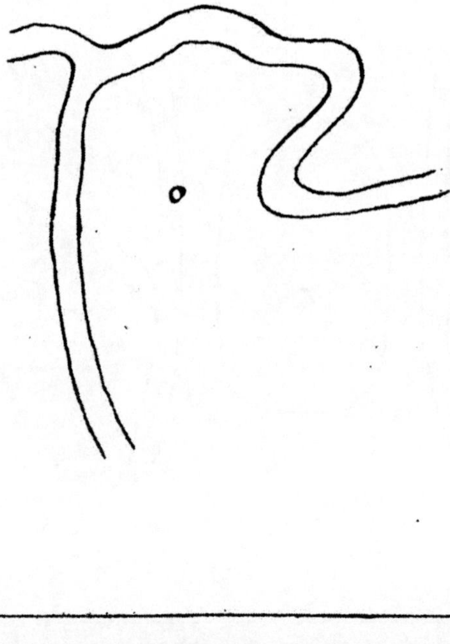

龍角分飛。父子東西。

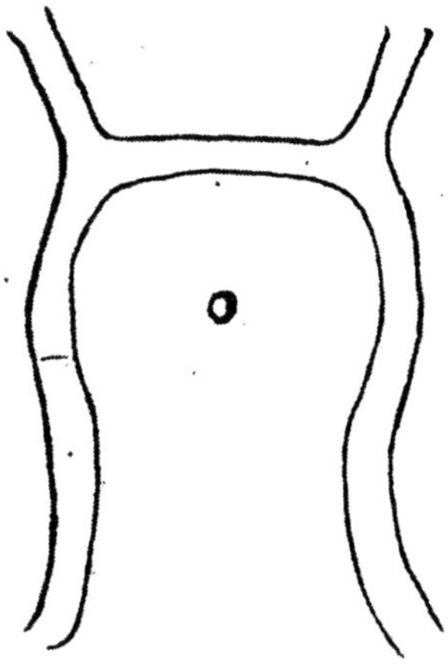

乾風扣。艮風吹。不久
流移定不回。

水穿虎眼。東西兩畔。
更破城門。人財星散。

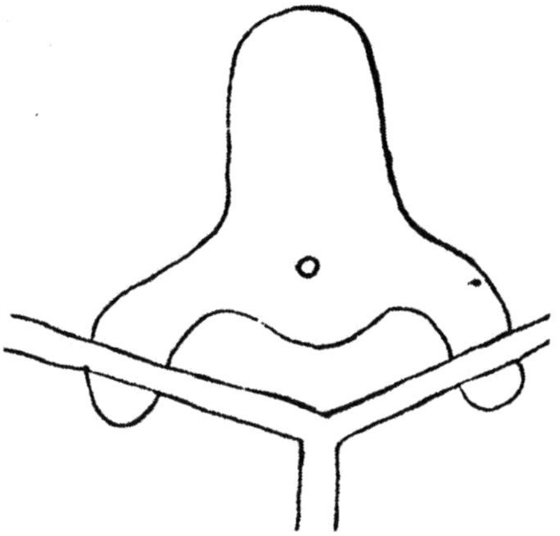

左右分張。徒配離鄉。
朱雀拖嘴。官事敗亡。

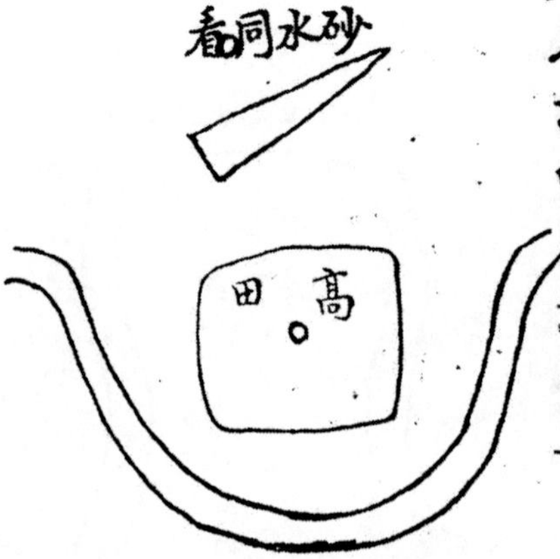

朱雀之水兩分開。災禍日日來。
又兼溪亂無男女。何須將眼觀。

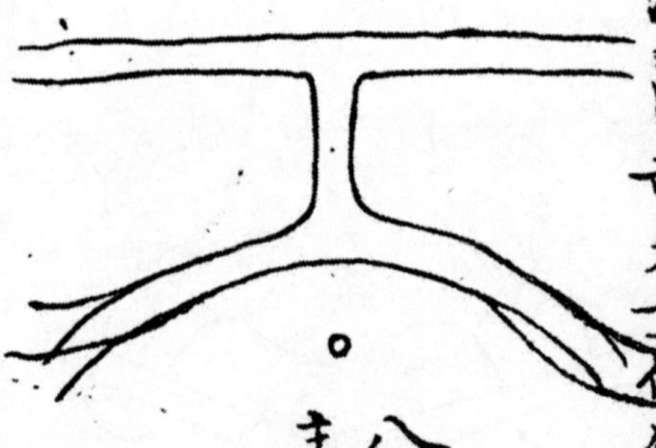

褁頭城裏莫安墳。翻脚東西動火瘟。疑是真龍求發福。到頭終久敗兒孫。

穴太逼窄便無餘氣、主絕

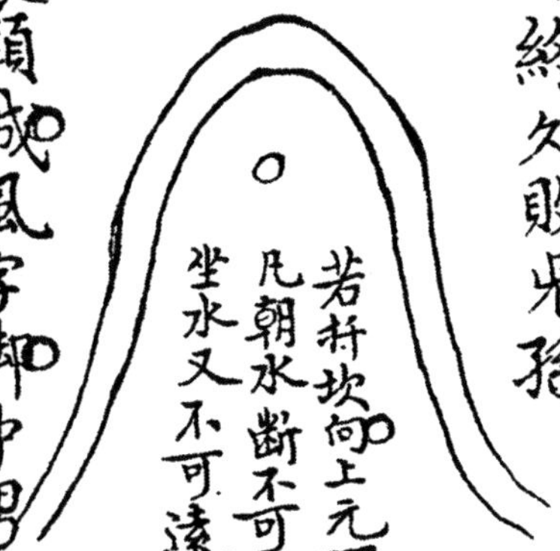

褁頭城。風字脚。中男吉。長少凶。

水脚兩分流。其家一旦休。

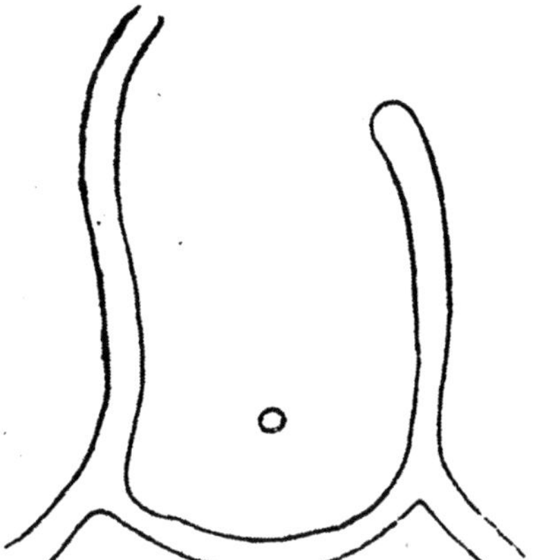

坟前之水分八字。其家定出忤逆子。

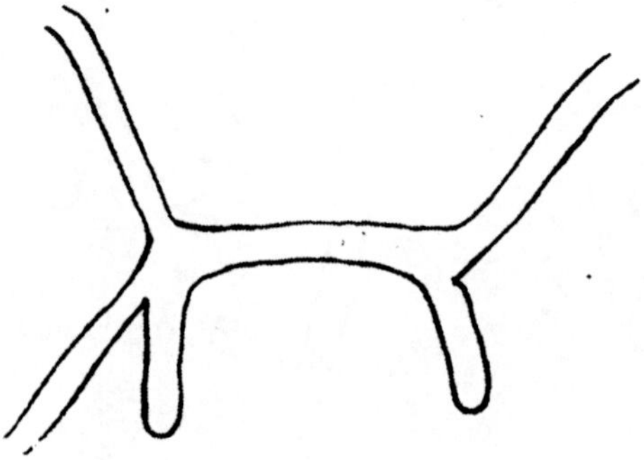

後有拖鎗水。少亡淫亂娼。軍賊遭刑戮。二代絕人殃。

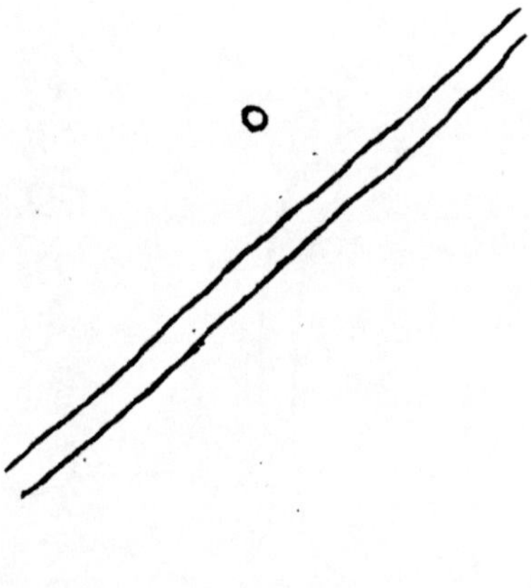

水來生浪如蛇走。人倫敗亂家財冇。
青龍有水射其身。子孫刑獄主充軍。

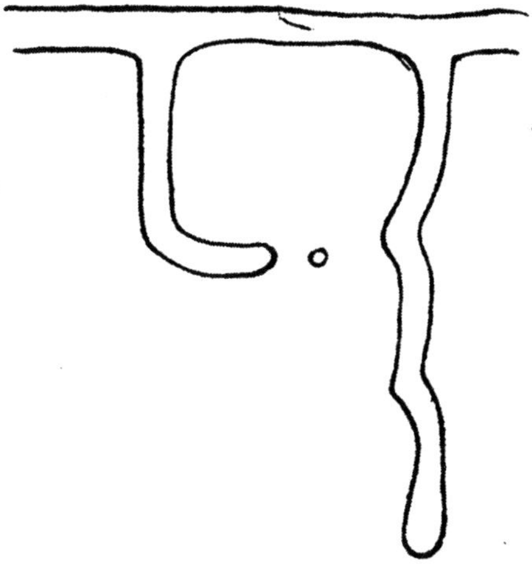

幹水枝流。兒孫敗休。

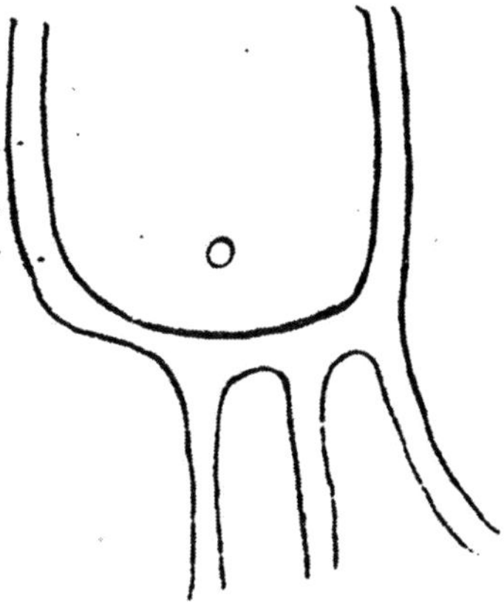

莫覩漏道損龍胎。此式可參觀。

如鎗水射穴橫死宗嗣絕

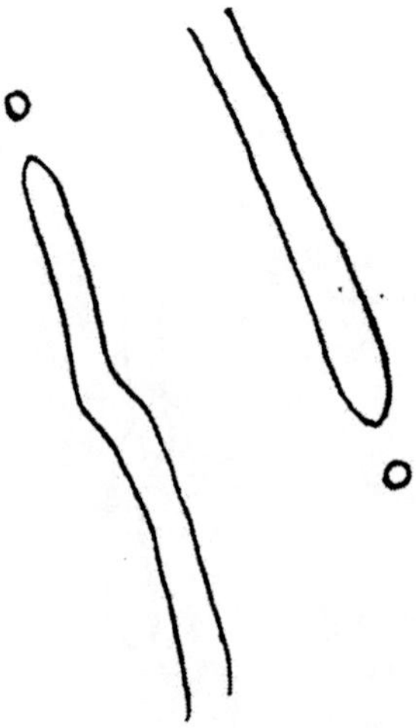

前砂順水似飛旗。金火相刑誰得知。
軍賊破跏跎瞎。有弟兄相殺見淩欺。

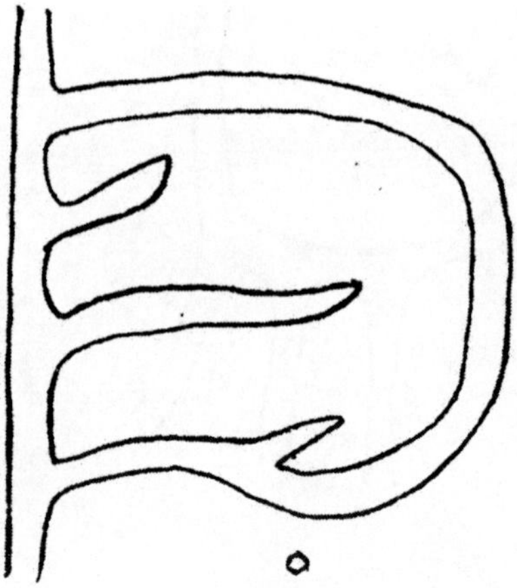

坟前有水不相顧。常招女壻當門户。坟後艮水十字河。子孫瘋疾受災磨。

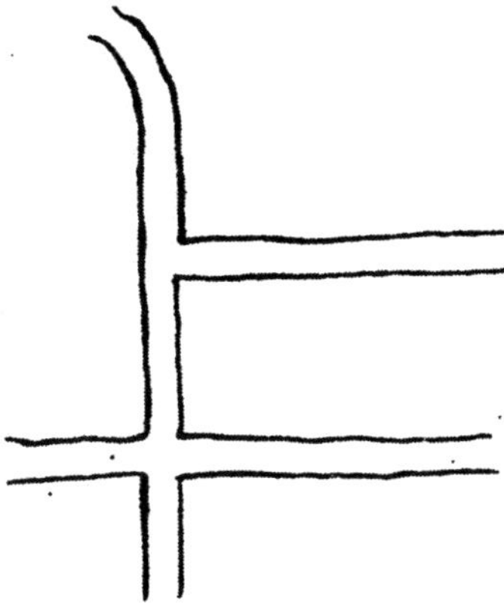

長河一水通舟面。兩邊不可安坟宅。若有人家安坟宅。子孫遊蕩爲軍賊。

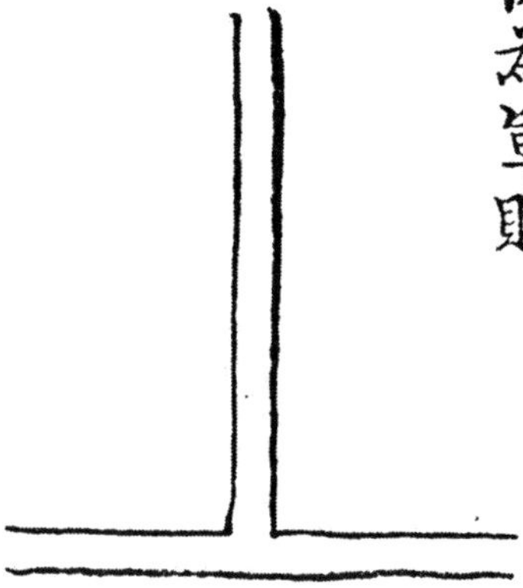

飛。

水若回頭去不歸。必定主分離。
勢如火焰遭凶死。家業盡成灰。

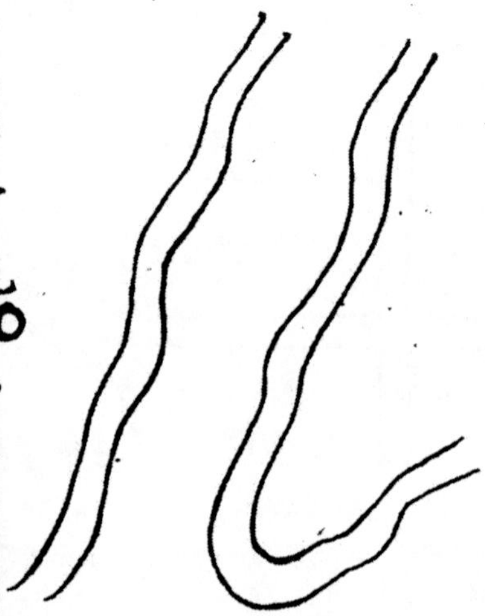

明堂屈曲斜飛水。賣盡田園終
不起。初來車馬滿門庭。下後貧
窮作賊隸。

五馬五方馳。水散似分屍。
明堂若端正。臨刑赦放歸。

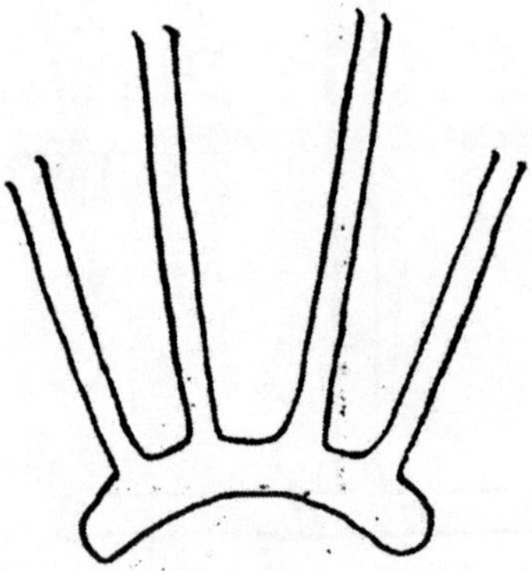

死

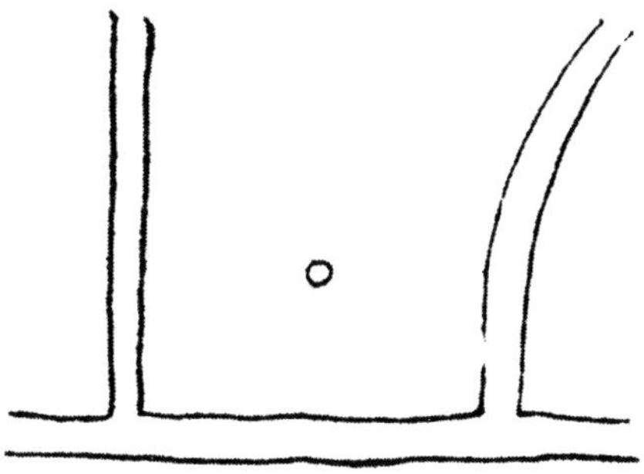

右水反無情。逃離又充軍。

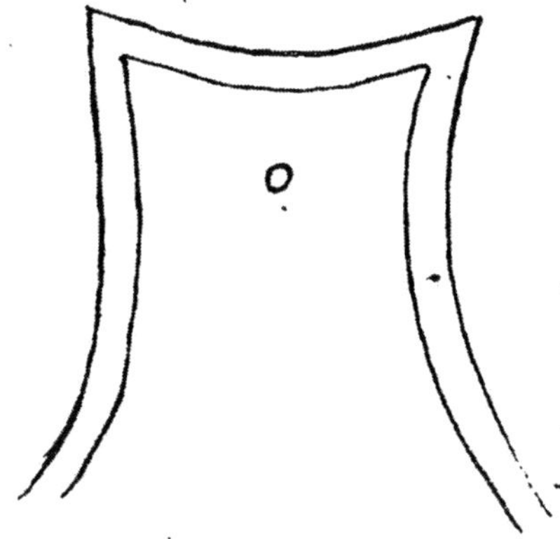

朱雀反弓龍虎張。兒孫忤逆打爹娘。
自吊風聲公事起。損兒損女賣田庄。

水城怕反弓○
逃走主貧窮○

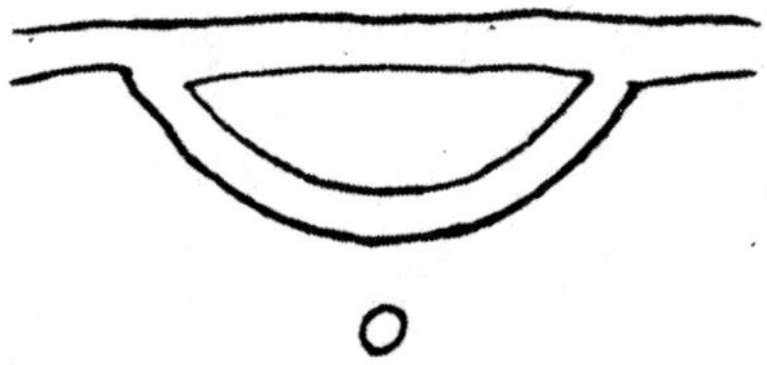

金星如反背○
家宅田園退○
後水來龍似反弓○
出人忤逆各西東○
若然遇此反弓水○
退盡田園守困窮○

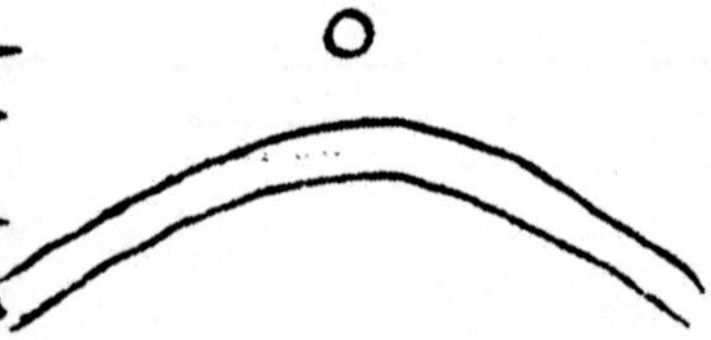

艮水死○不堪言○子孫依靠別人過○
丁字水○殘疾鄉○又兼女子廣招郎○
此種形局甚多須留心

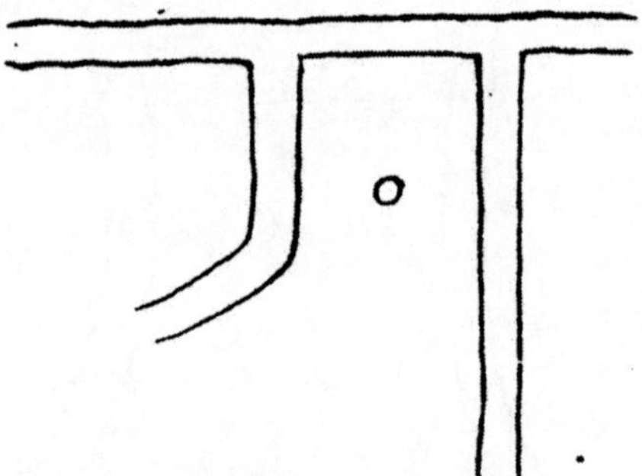

論異形。

團團流水遶坟基。子孫絕後主分離。

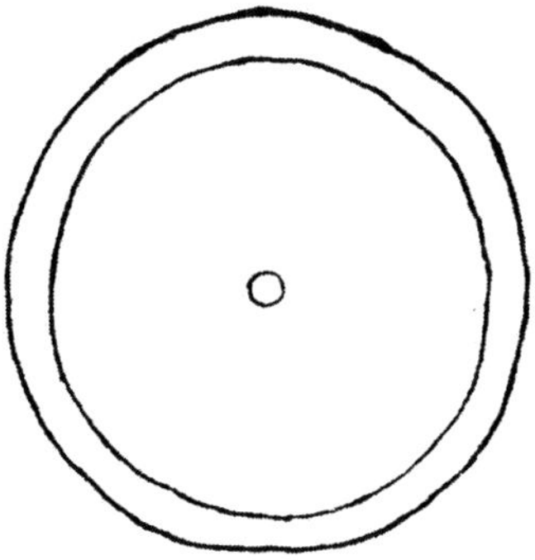

四面冲射凶不可論

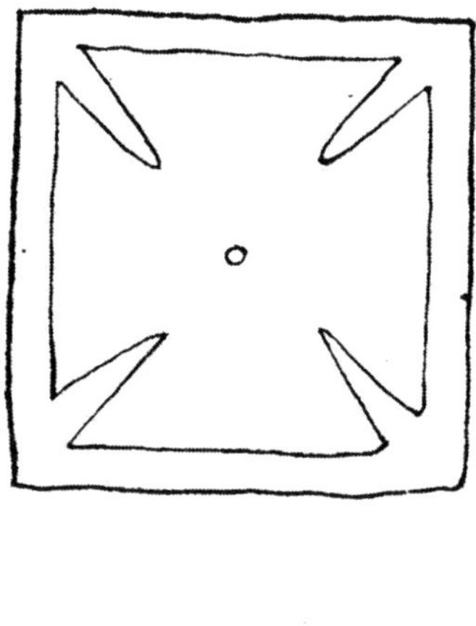

周回之水遶坟林。破碎損金銀。

又兼溪乱無家室。疾病少精神。

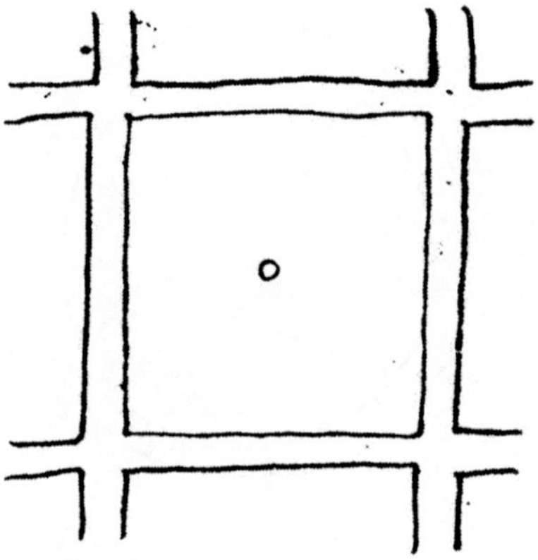

抄估龍體。縱然富貴。亦主充軍。

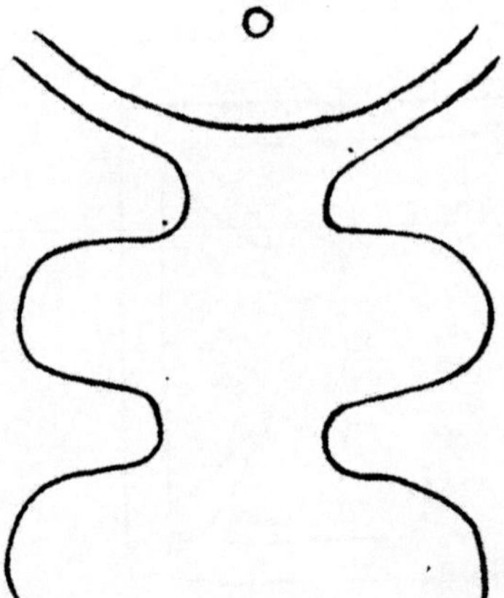

抄估形局

抄估之格最不良。下着主離鄉。

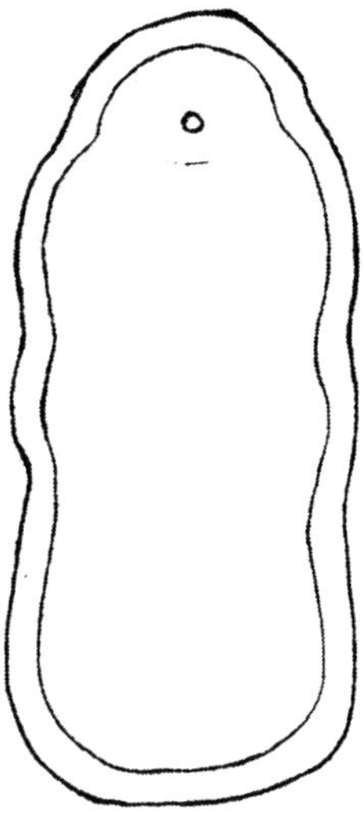

牛臂馬腿水來沖。抄估定知蹤。

不論左右并前後。貧窮及逃走。

青龍腰上水嵌破。家內長長有災禍。

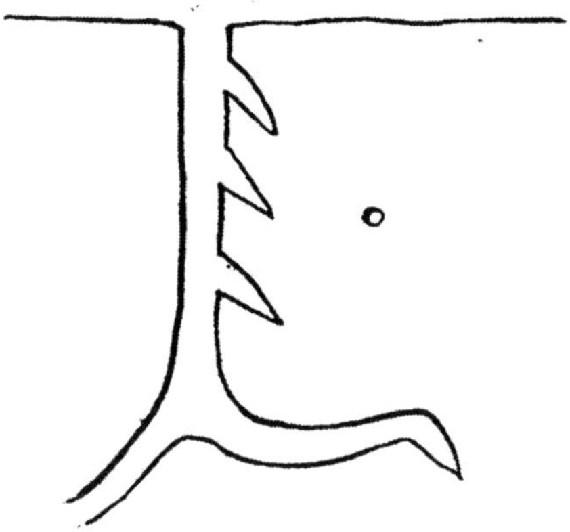

水如捲舌。瘂疾磨折。
說是撇非。衆人擯絕。

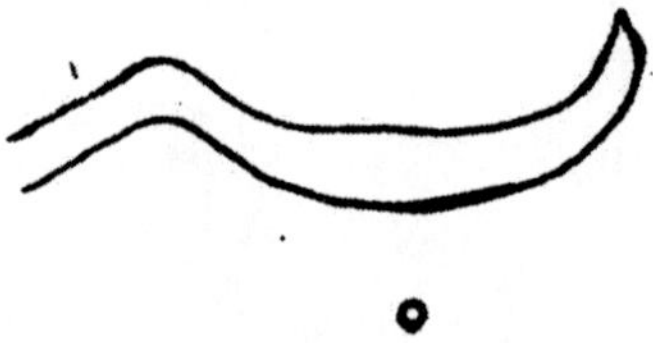

水反如鉤。死在他州。

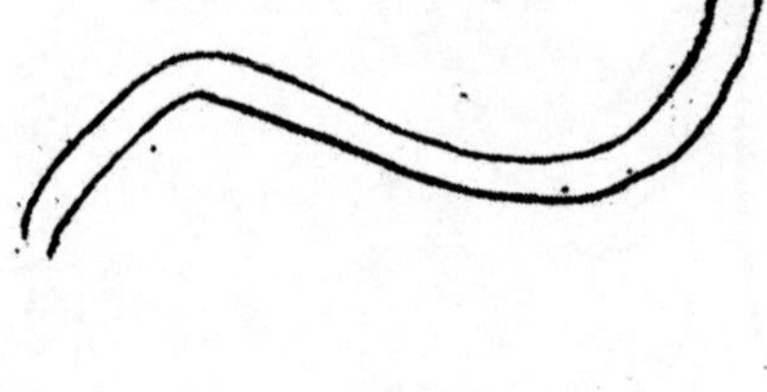

金城吉揖遶如龍。富貴不分家。

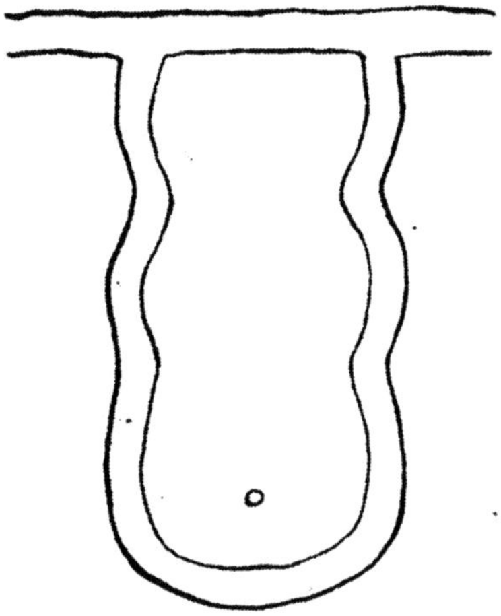

金城凶揖如蛇橫。逆子結冤家。

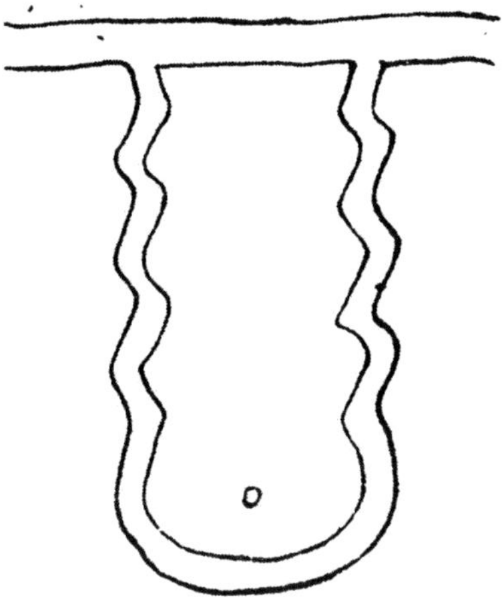

此皆下元局

汪云小曲之水。以疎疎為吉。以密密為凶。

又云蛇形必硬曲有尖形。

乾坤艮巽為四門○
一風吹入一家貧○

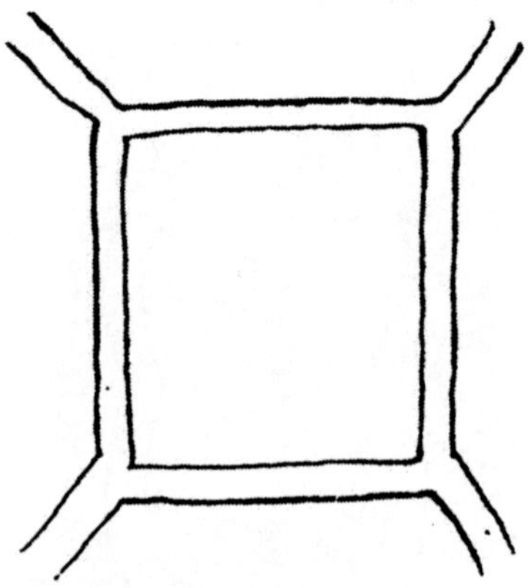

水路生叉○
家業波查○

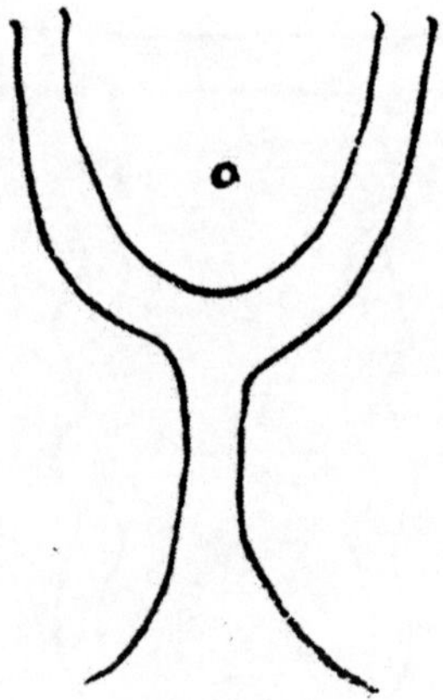

水中有地葫蘆形。
毒藥主傷人。

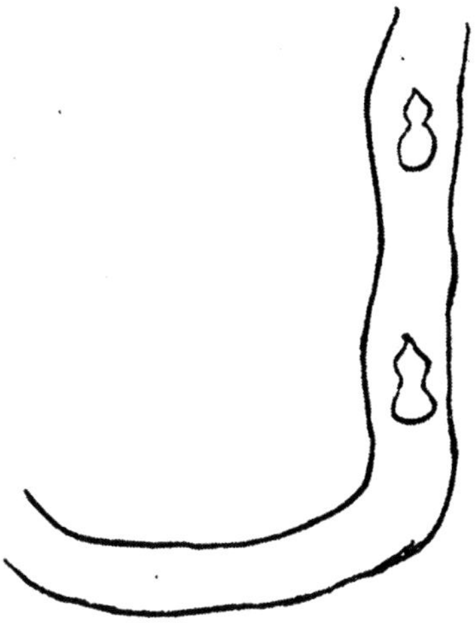

武官旂水。交劍長沙。
有人葬之。上陣身亡。

前塊後抱穴居中。兒孫黃甲位三公。

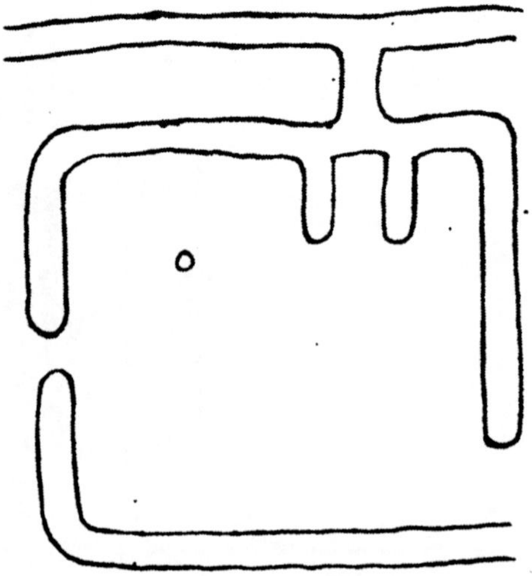

汪云此必是下元坐壬向丙之局。擬法當取坤上小兜。引至穴後。盡於癸位。依樣作方形。或云此是土星掛角。不必開小兜。

屈曲盤旋。子孫綿綿。

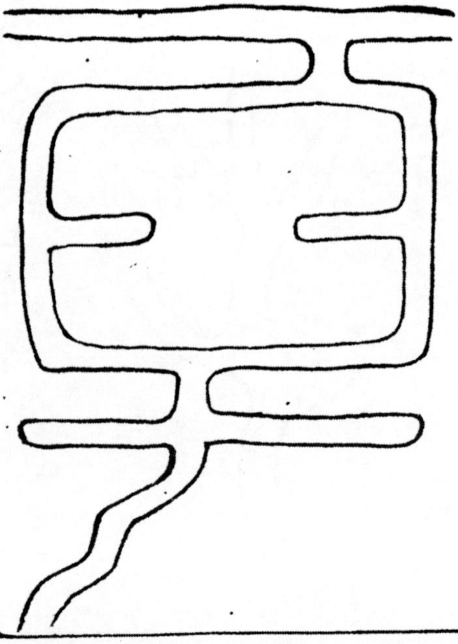

汪云、此圖不可解。想亦是下元坐壬向丙之格。

屈曲如弓。義門和順。
富貴殽名。奕世隆盛。

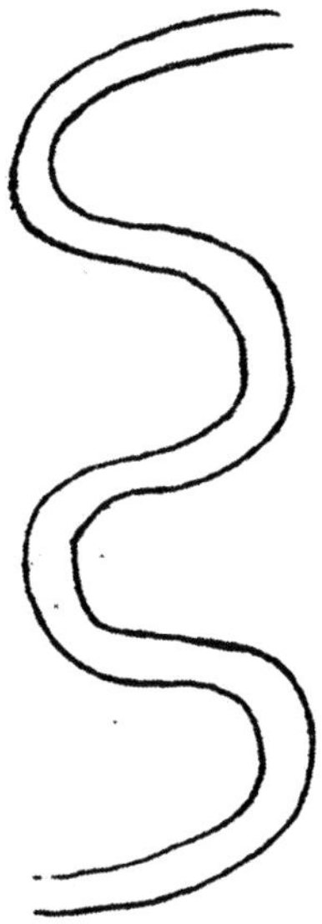

破。

朱雀破頭。事事憂愁。

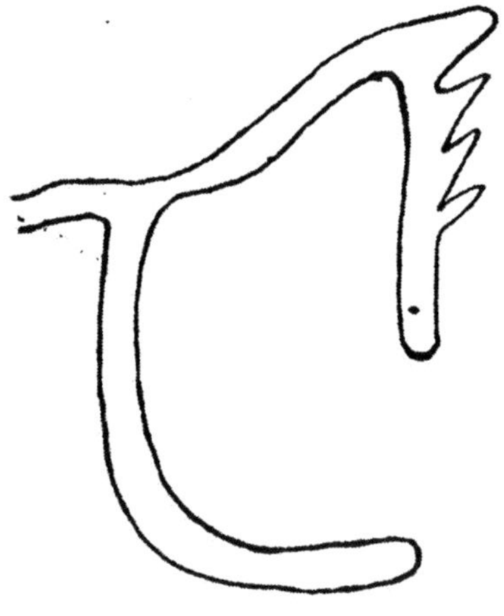

交○

火入金名帶劍城○砂水兩相刑○

塟後兒孫終不顯○遷遠去充軍○

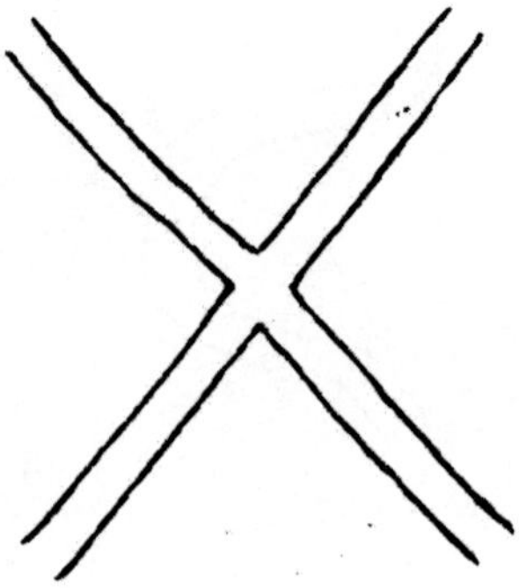

射○

兇鎗射穴刑獄充軍○

逃亡横死絕嗣無人○

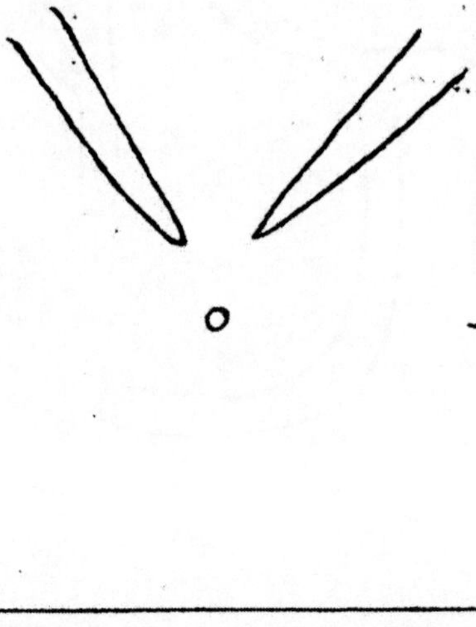

右邊若見了乂水。此地窮無比。

左邊若見水了乂。孤寡出其家。

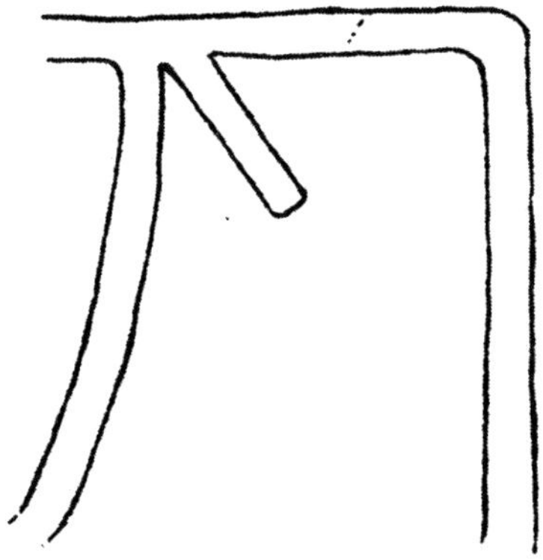

偏。

有一邊。無一邊。衣食安然不久年。

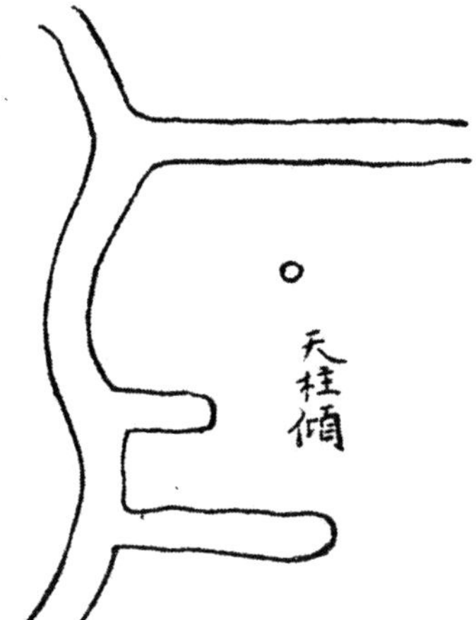

斜

有水如鷺膝。其家終反逼。

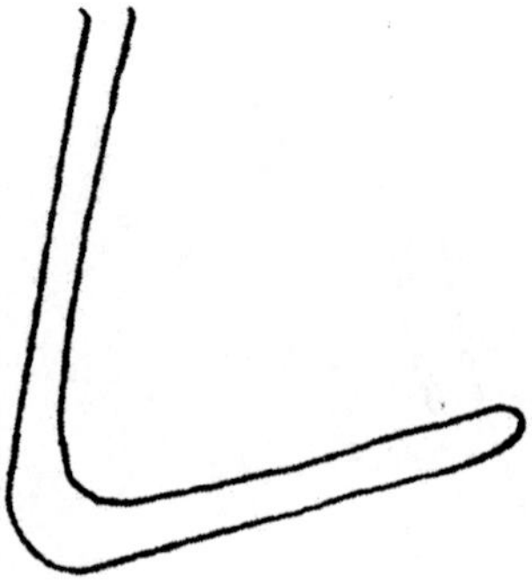

火入金城兩相戰。葬後其家終不顯。功名或是出旂鎗。後代兒孫必陣亡。

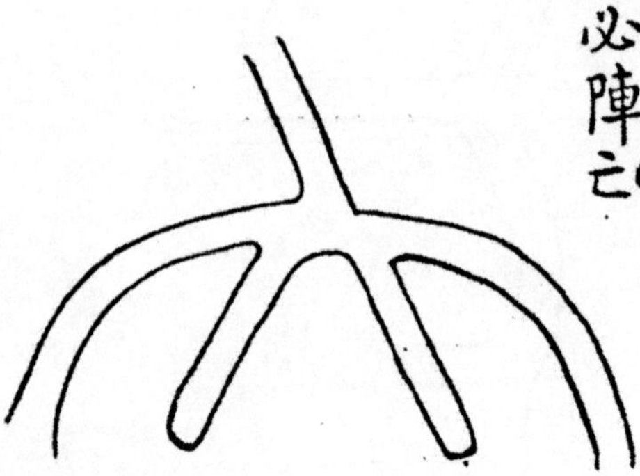

褭。

褭頭之水氣無餘。向前安抜實非宜。縱使暫時能一發。為人量窄又無兒。

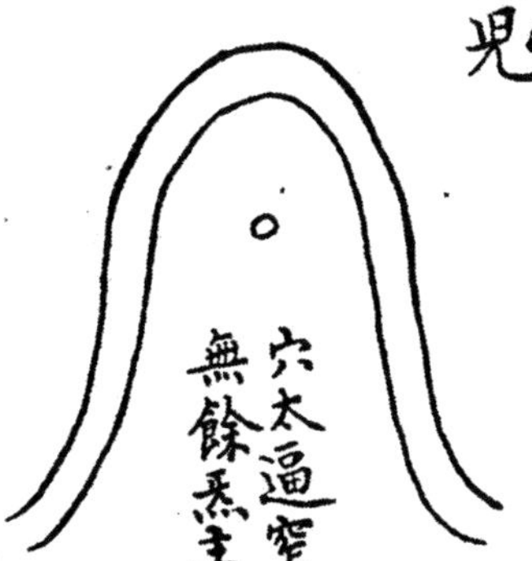

割。

水城怕過割。下後鎗刀刎。絶嗣又逃亡。時師莫去覔。

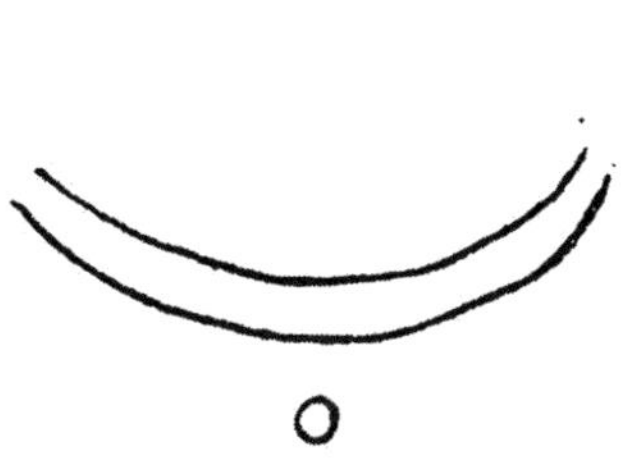

左右二水皆從離來即近侵巽坤位不忌也上元即可扦之

明堂若見三摺水。為官必定到三公。正對前朝明印案。弟兄必定世恩榮。

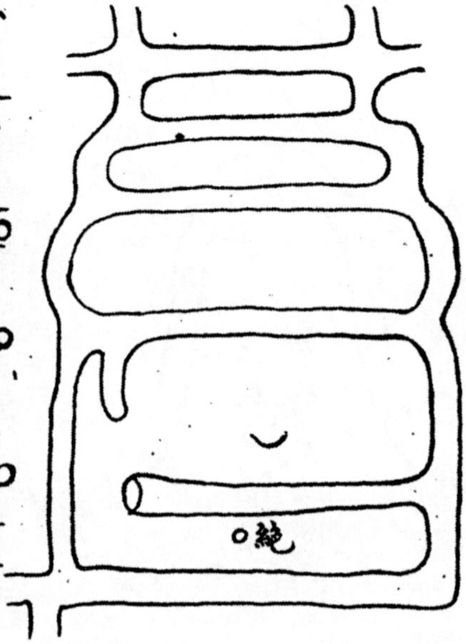

汪云、此是排衙之象。可貴也。四面皆水。便是中黃局。於中元倚坎水五午向、艮頭、生動、巽枝、勃發向前、一派離水。從兌入穴。久發無疑。如此大局。十字水不忌。

水城屈曲似飛龍。日日遇恩榮。

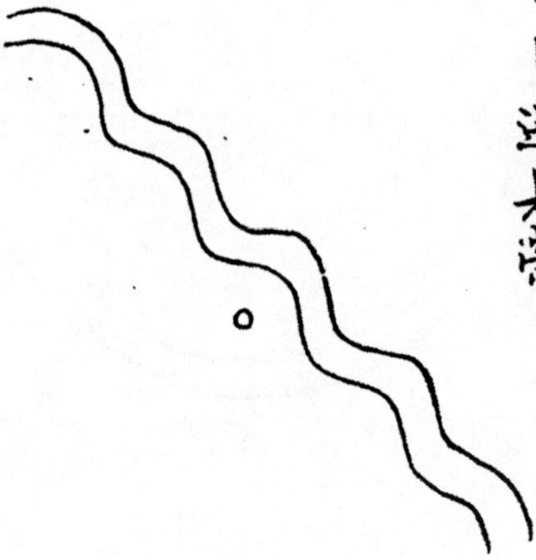

來勢曲如龍。富貴永無窮。

汪云、此必坤方是案地。、離兌兩水頭。與艮脉合局。中元從乾宮引水抱穴。甚佳。

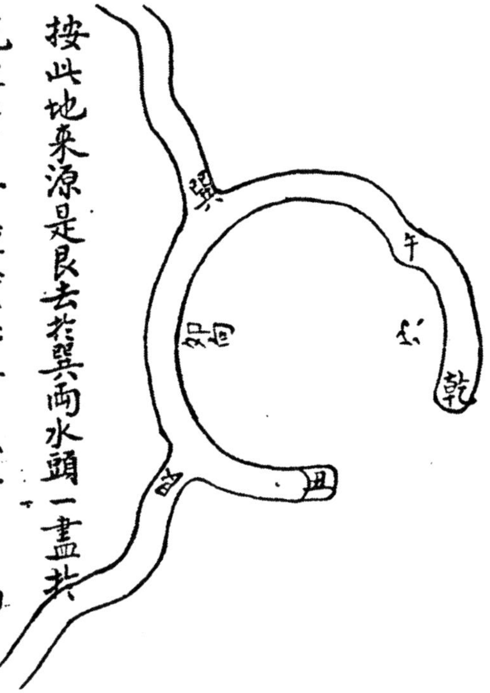

按此地來源是艮去於巽兩水頭一畫共乾一畫於丑愚意不必再引小水坐酉向卯於中元扦之甚妙

曲水如龍到。金鈎玄又玄。有人扦此地。及第必爭先。

汪云神樞忌中通。通漏洩。、此圖非中通。、而何余所不取。

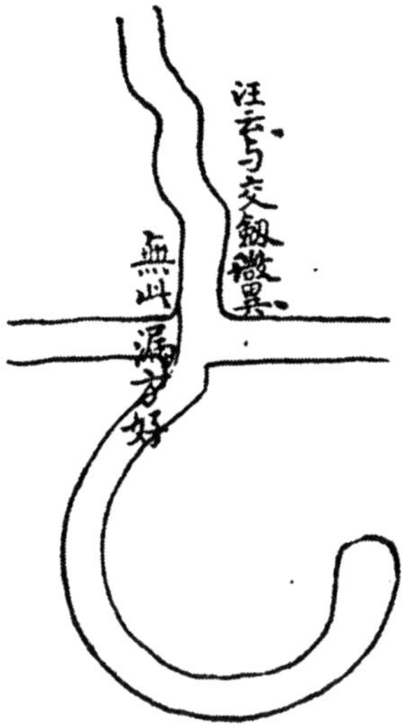

飛龍之水腹中求○子孫去拜鳳池頭○

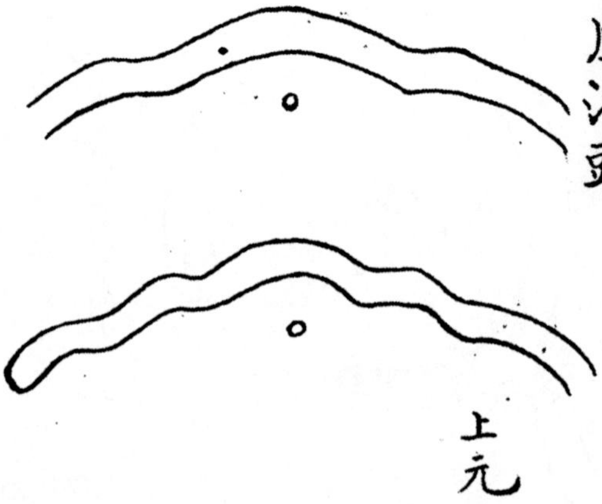

屈曲如龍○首尾朝迎○腹中作穴○封拜功名○

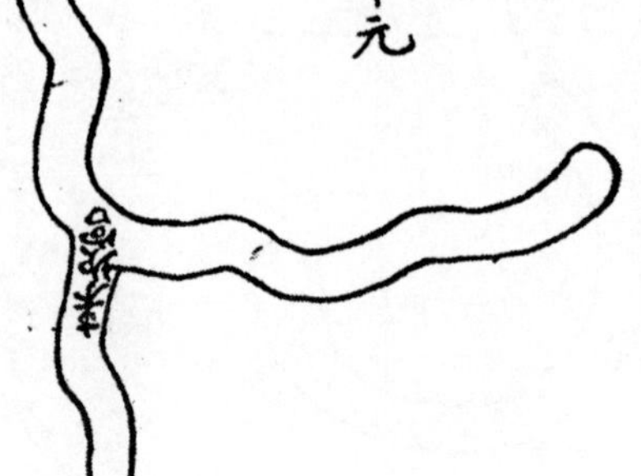

仝

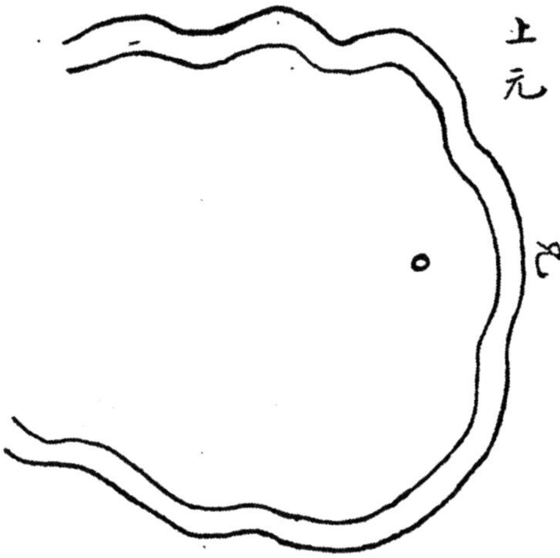

金蛇勢難識。下後大官出。

又名笑天龍

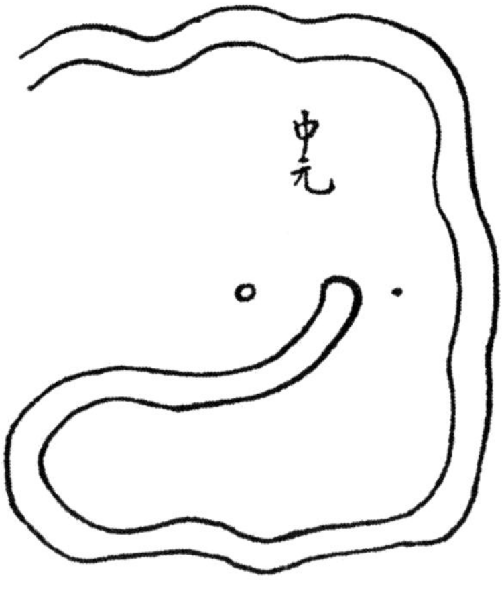

汪云水脈上元與下元相等。

又云若另有小枝橫午位。可立午向。

飛龍之水最難逢。々之必定出三公。

下元先發

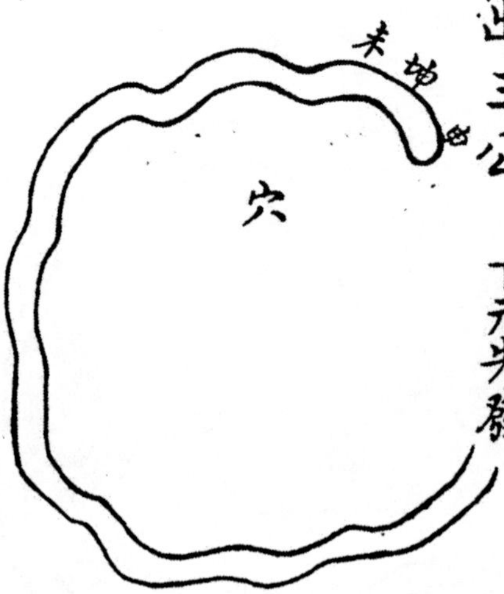

汪云貪狼原是發來逢。若此類是也。

舞鳳之水。后妃尊貴。男作三公。少年及第。

上元

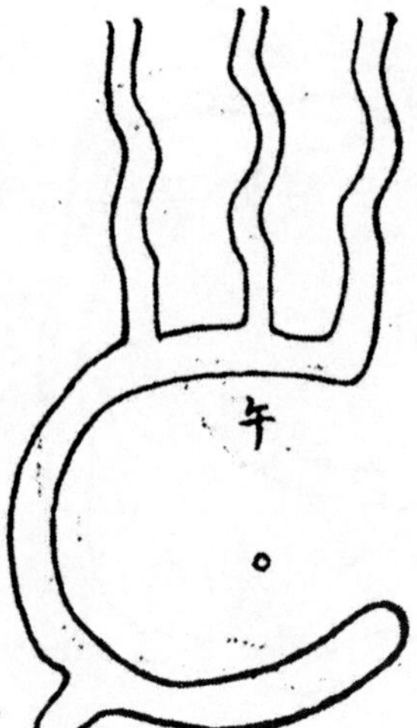

向上之水。必不甚長。

二龍相會號雌雄。富貴出三公。

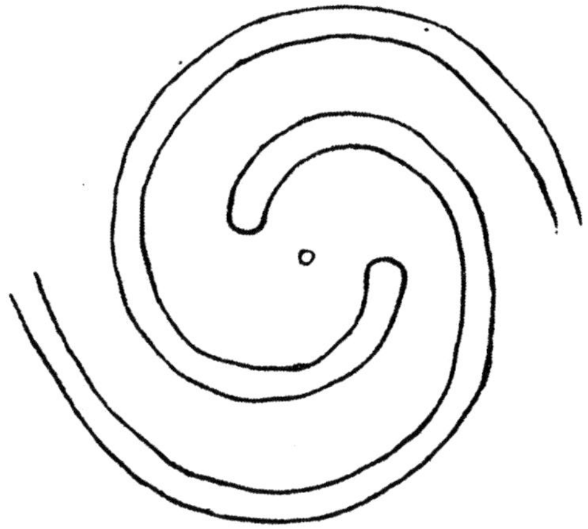

水朝曲去又纏身。家內出豪英。

更有路朝生旺地。官顯在朝廷。

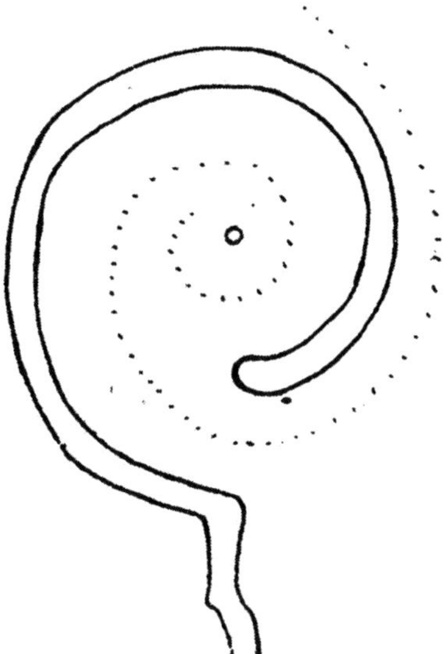

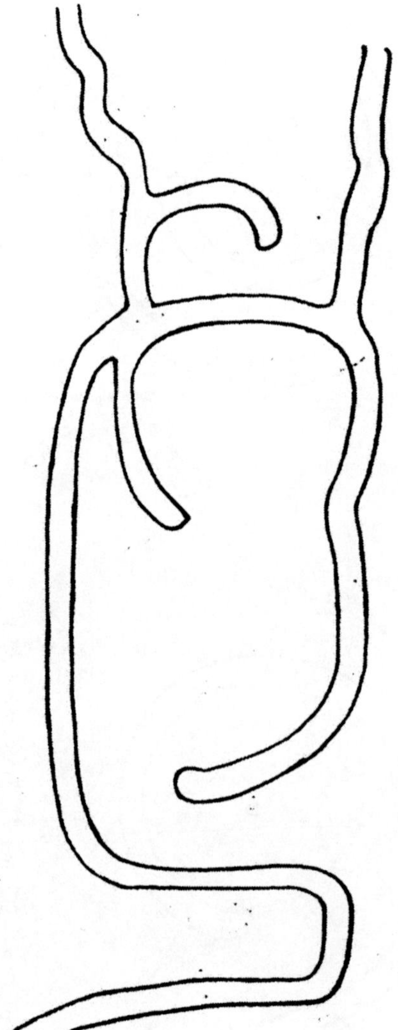

一重路抱一重城。金水重重案面門。
若得穴中再包裹。代代英華達帝京。

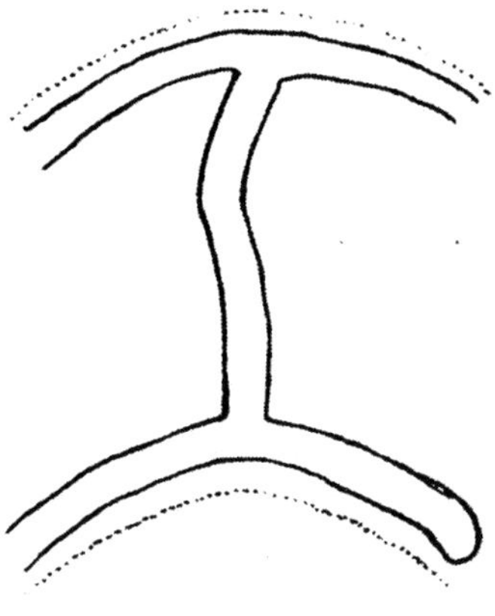

蟠龍之水前後抛。庄田千萬富無休。
面前若得三龍水。兒孫代代爵公侯。

三元

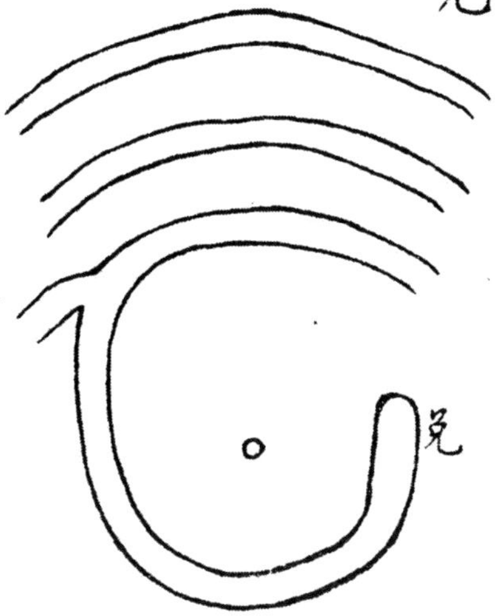

蟠龍之水後頭兜○

大貴作公侯○

下元

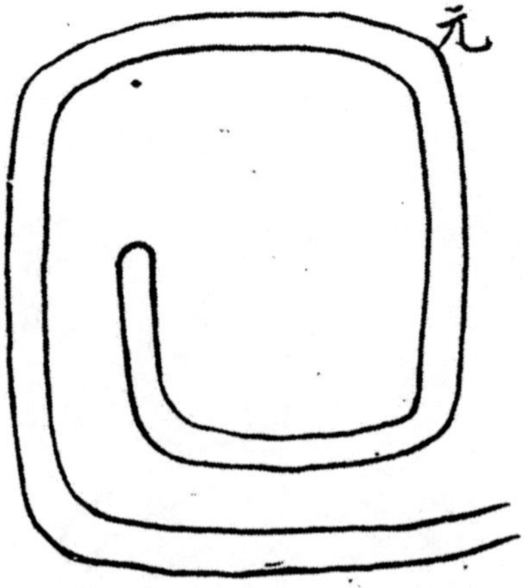

入首是下元骨○又坎震二

加獨有水二重○

左轉金鉤形○富貴旺人丁○

下元

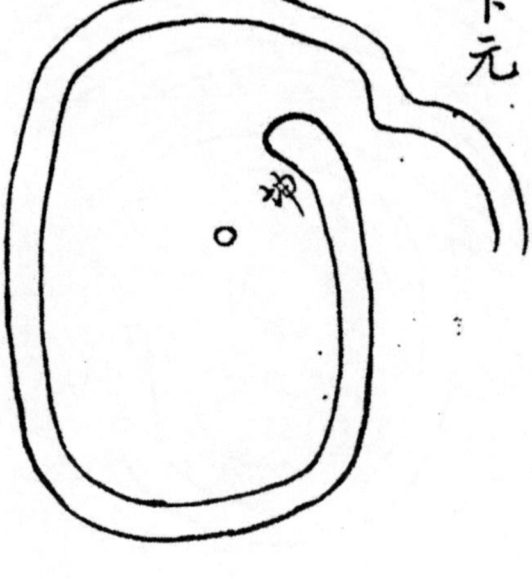

右轉金鉤形。富貴有殸名。

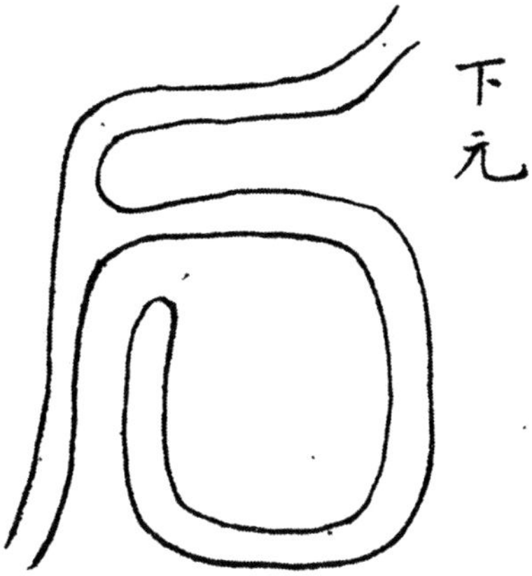

水似玉鉤。官為知州。

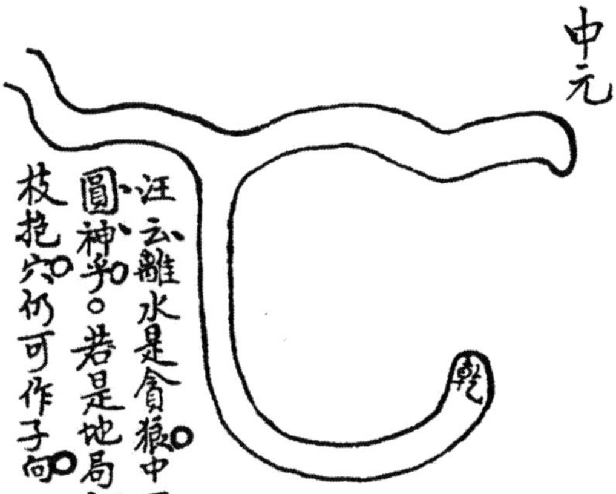

汪云離水是貪狼。中下元皆可向之。況圓神乎。若是地局。大從巽方引一小枝抱穴。仍可作子向。

依藤之水節節有情。若能扞此富貴殺名。

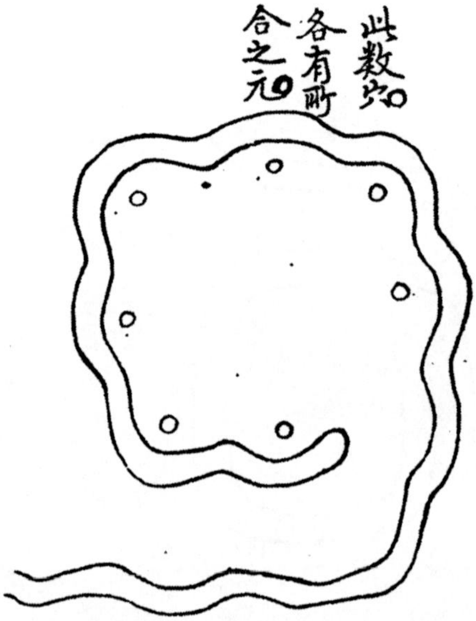

左轉金鉤富貴不休。

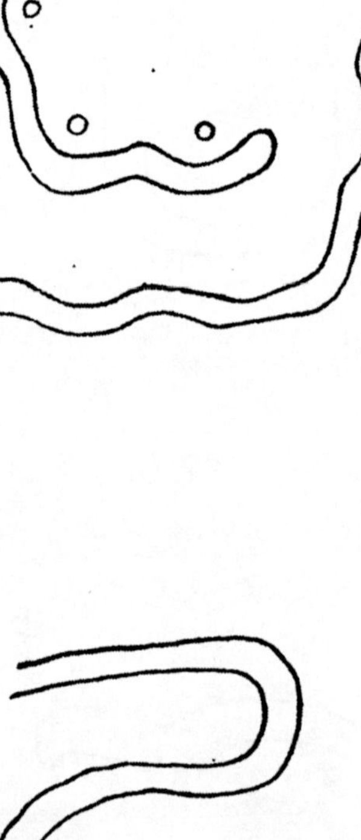

金鈎左轉足金銀。案應三台出貴人。

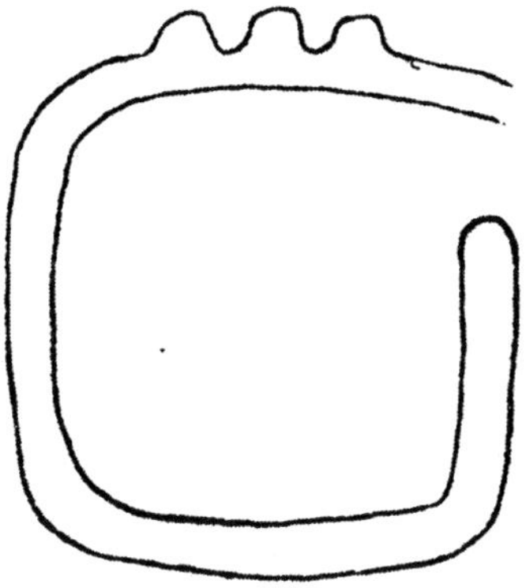

活龍来勢作三台。秀水前朝對面来。若見有人扦此地。為官代代作烏臺。

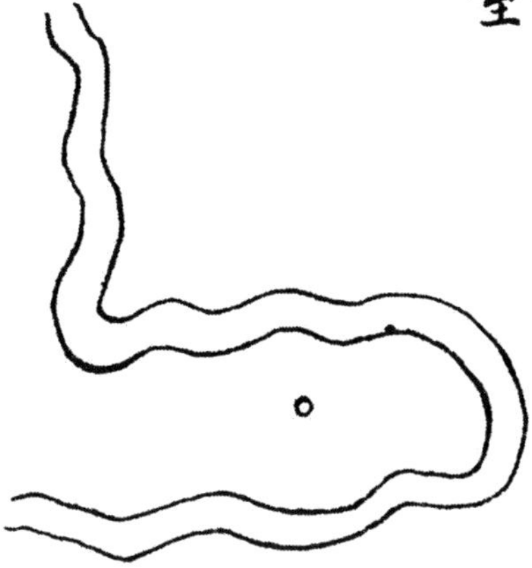

乙字水影身。家出大朝臣。

三元

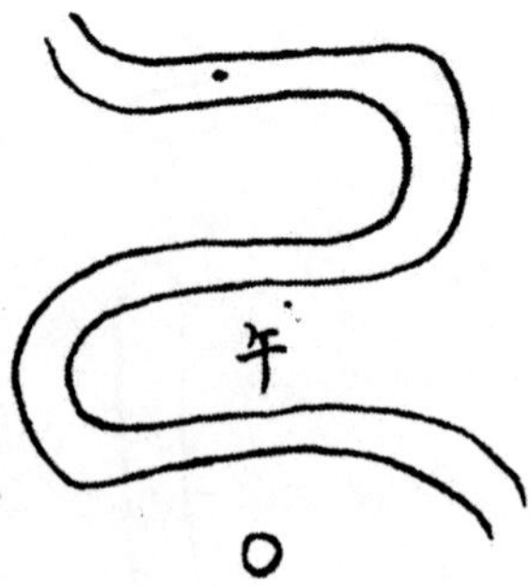

同

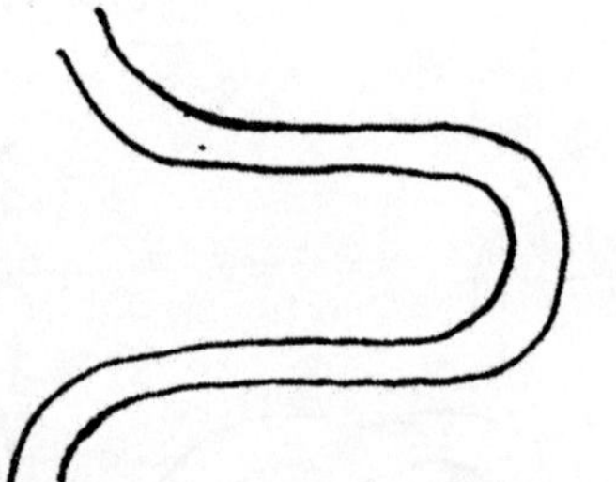

之字合襟之字流。知州知府出無休。

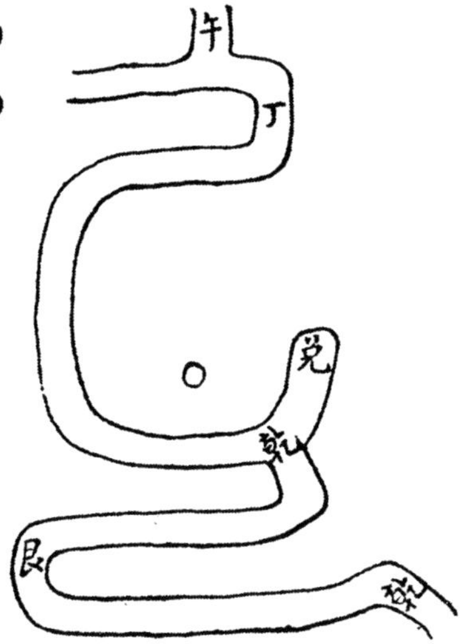

此圖有主客同情之病。

十字水來坟。兒孫手藝人。雖然温飽有成敗。定出娼優賤且淫。

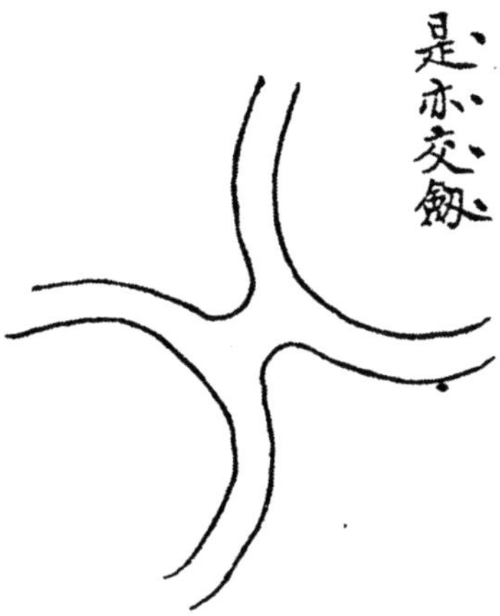

十字水流後與前。廿字井字總一般。
此為市井人多住。若是一家不可安。

此穴分明結作真。只恐時人不識形。若遇明師點真穴。富貴雙全四海名。

迢迢四水入明堂。直射不堪當。若還屈曲水回顧。金穀應無數。

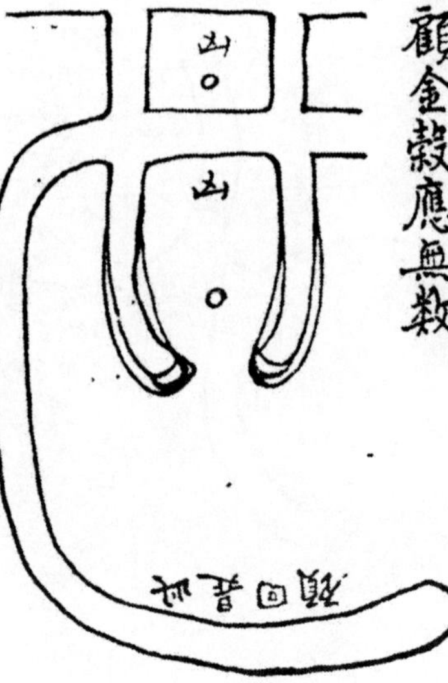

汪云南北二穴。皆中元局。在南者午向。在北者子向。穴皆在其地之坳。一取離水長。一取離水長而於兩盡頭更得力也。十字水正非交劍水斜以正固勝于斜。然亦不免於滲洩。無情之病矣。此等局予所不取。

三十年來走道途。不曾下得仰天湖。若也有人扞此地。兒孫衣紫達

皇都。

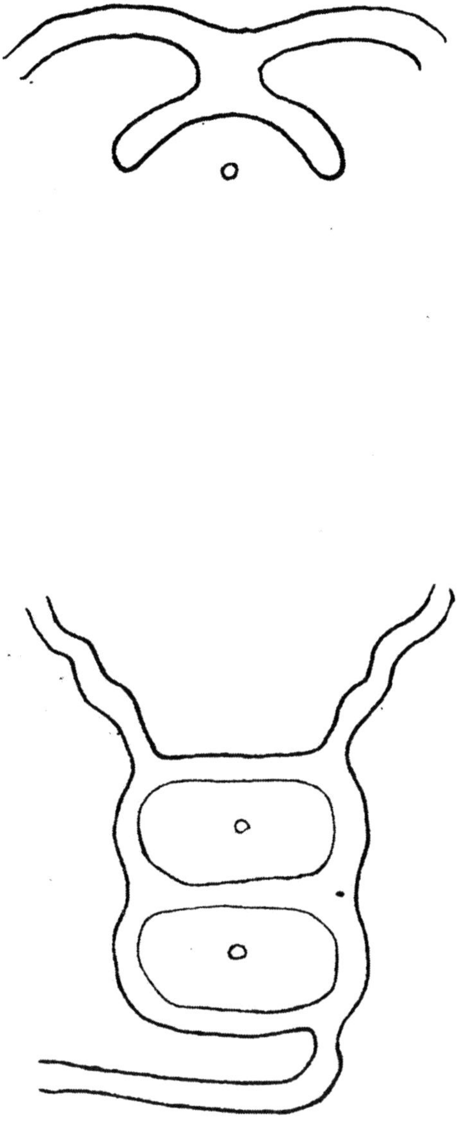

仙人伸足形。定出及第人。

汪云、此特救貧穴耳。

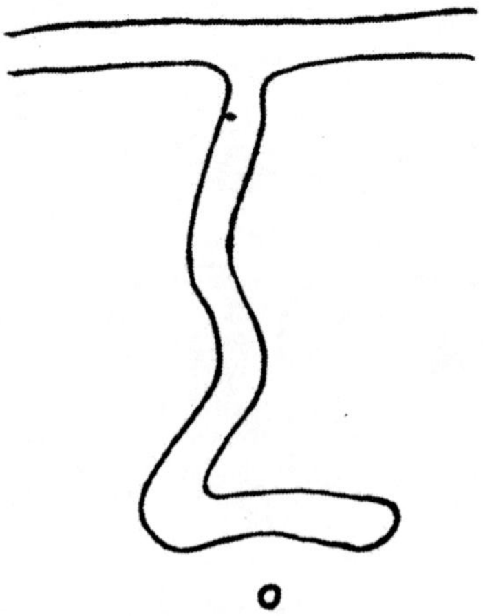

水如曲尺路如尺。世代匠人少衣食。

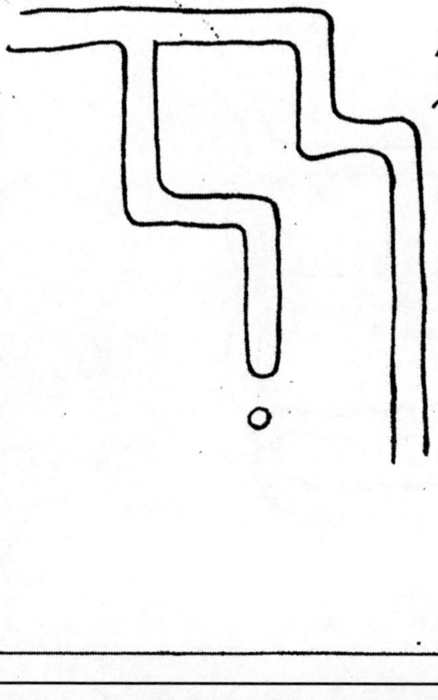

左右雙龍入穴來○
兄弟高名達帝臺○

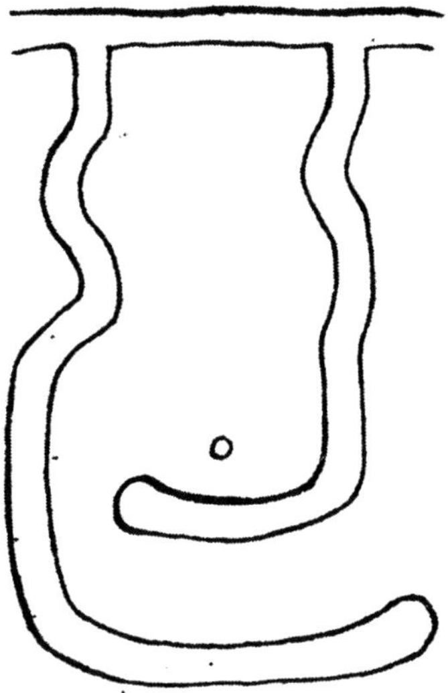

雌雄並出水同流○去了又回頭○
一門皆及第○代〃位公侯○

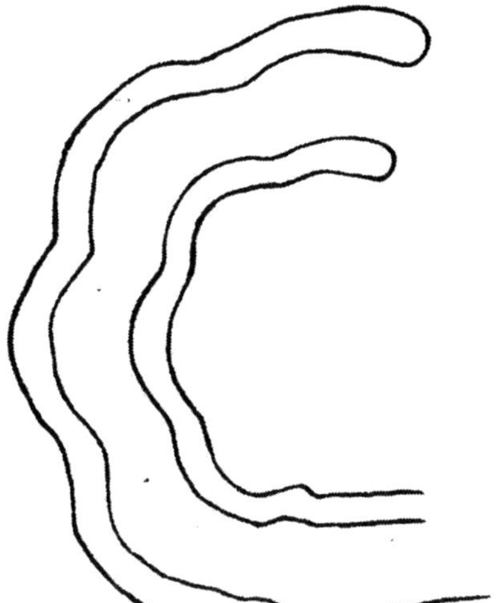

汪云此是換龍穴○圖失真○可恨○

二水會龍須出貴。
兒孫定折月中桂。

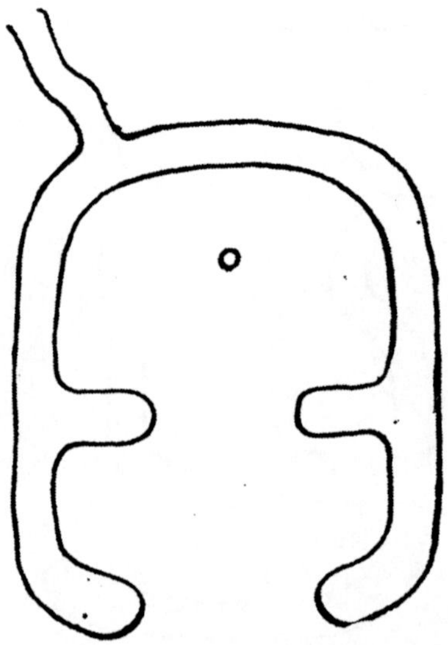

葬龍腹。棄龍腸。吉星加臨貴復昌。
葬龍尾。棄龍足。歌舞燈前主巫祝。

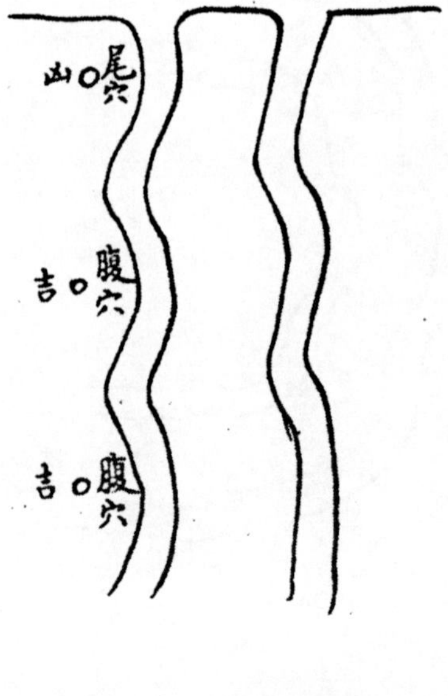

雌雄相見。天道交通。
陰陽得位。定出三公。

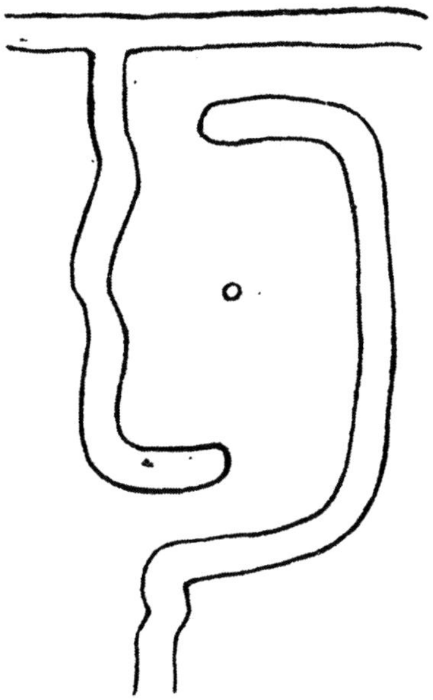

雌雄交度。穴聚天心。
安邦定國。四海揚名。

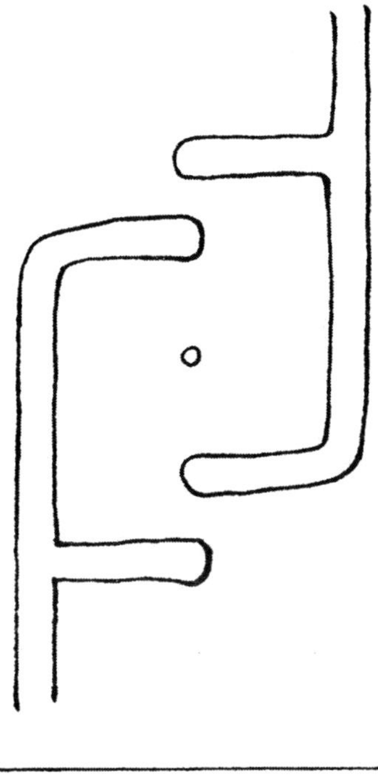

砂水纏流荷葉地。却如架上金盤形。若然點作幞頭看。富貴兒孫朝內人。

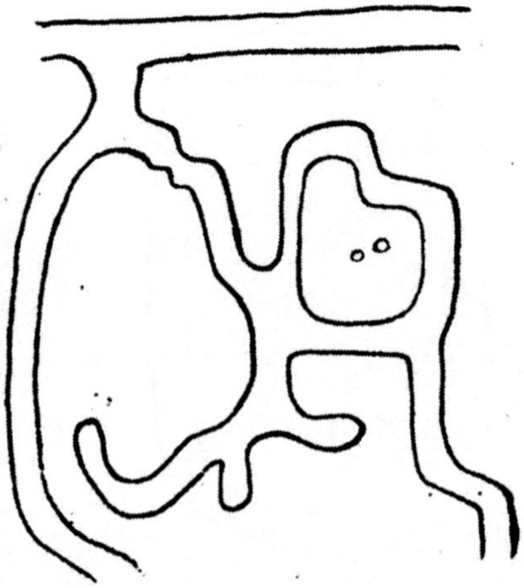

汪云此名喝形之類。以愚觀之。八白有回炁。而穴處中黄四六皆有脉。乃中元兼上元之局也。又云。郭氏云。遠身方正。即為華蓋幞頭。可見原重在方正。不重幞頭也。

此水名鷺膝。子孫定忤逆。財物化為塵。人帶手足疾。

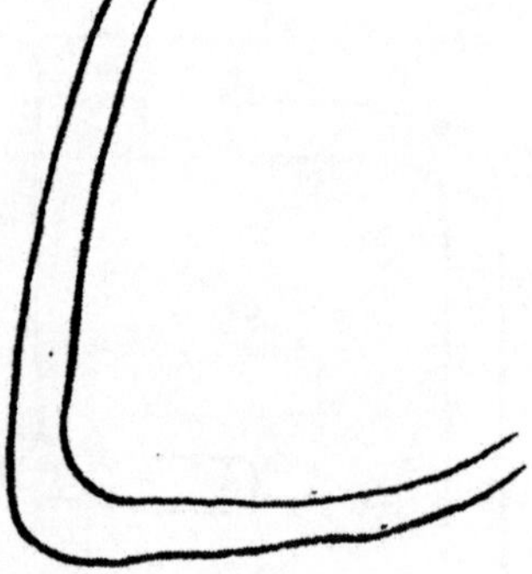

幞頭地執笏水。子孫及第作翰史。

此穴是中元兼上元局。

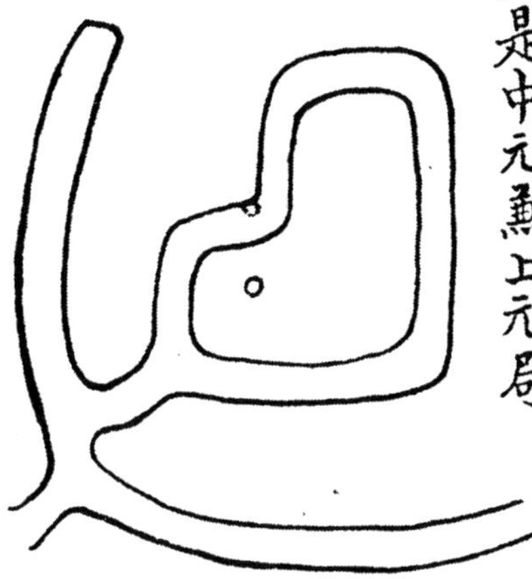

蔣公云此不過水城遶抱而發。不重幞頭。

左水似筆頭。長子貴無休。右水似執笏。少子中魁元。

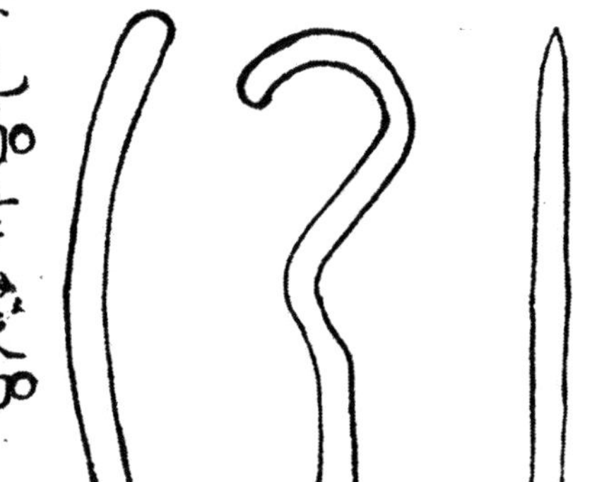

下元局。立午山坎向。

左水似笏。其宮九九。
照圖是下元。

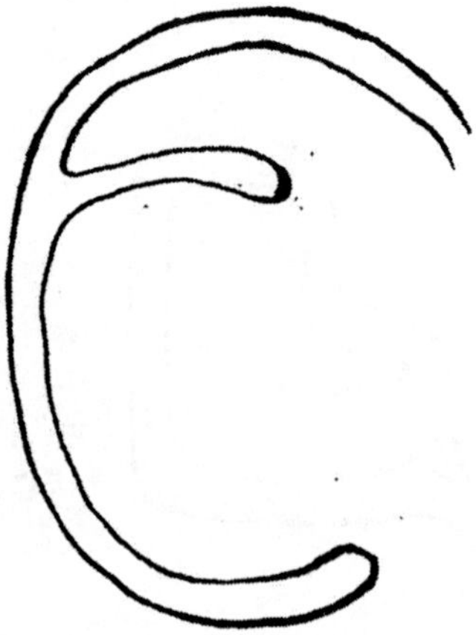

汪云、似中元、此當翻轉看、
可以卯向方合、

左水似筆頭。家主進田牛。

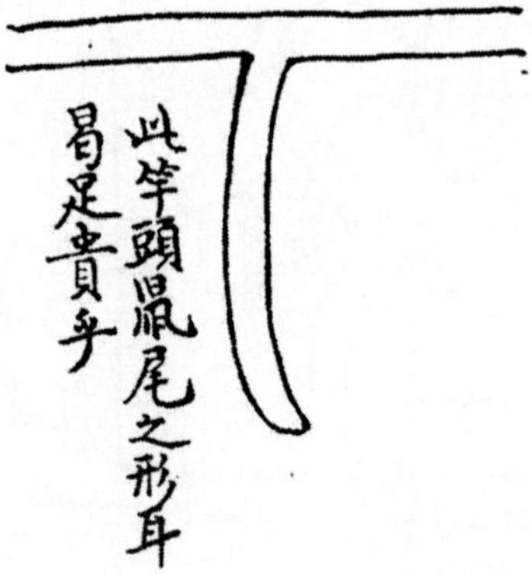

此筆頭鼠尾之形耳
曷足貴乎

二出合門前。家富出名賢。

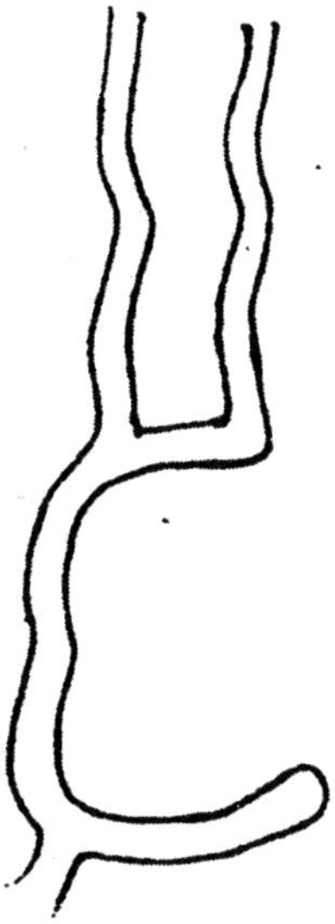

汪云、此等水。宜向不宜坐。後坐之水。必統於一。方。成。臨。駁。之。象。又云、更當於左水交處。開。出。小。枝。抱。穴。後。左。環。盡。於。庚。位。方為全局。

二龍相會應門前。子嗣去朝天。

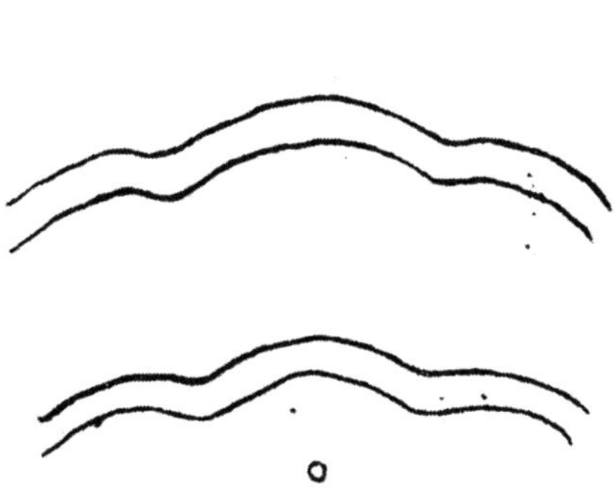

右邊二水抱。家內足金寶。

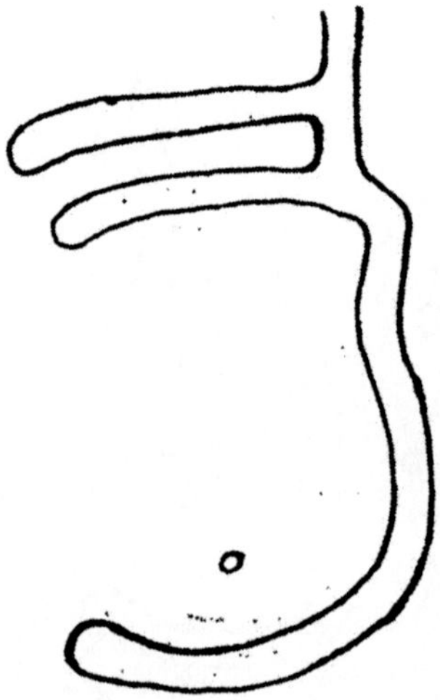

二水後頭兜。代々入皇州。

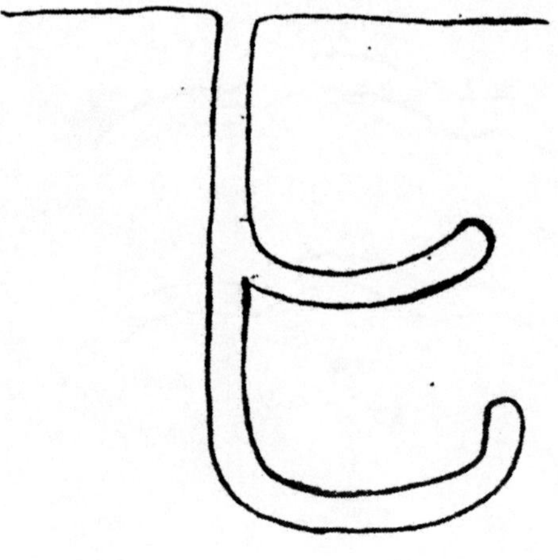

二龍水後兜。富貴永無休。

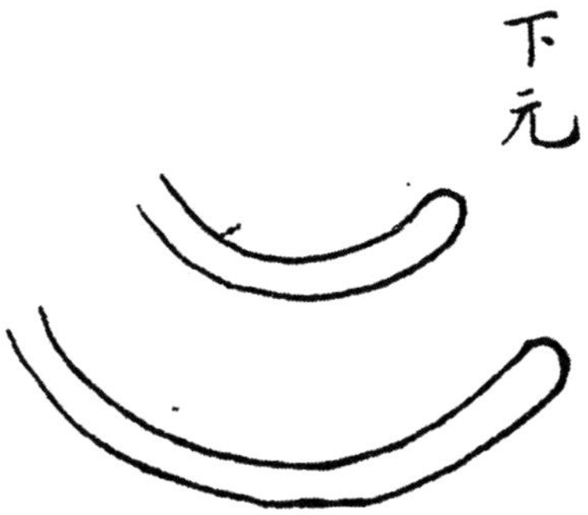

二龍相會後頭兜。坟宅扦之永不憂。

男女不眀金穀貴。兒孫早到鳳池頭。

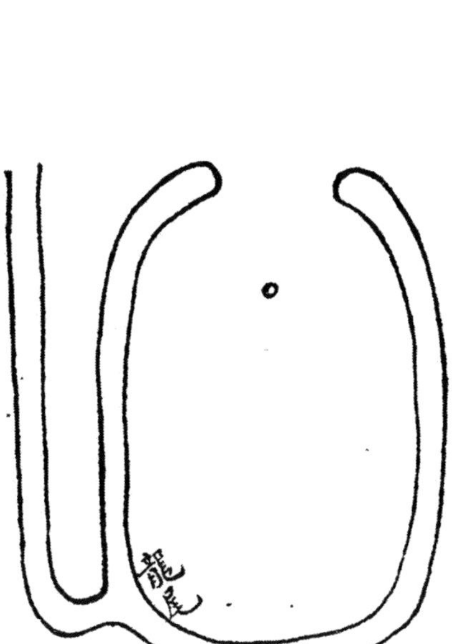

汪云、此是下元局。左右皆下元骨子。一畫於巽。一畫於坤。水從乙來。從癸入。當運時可以大發。

三水團龍勢、葬出公卿士、

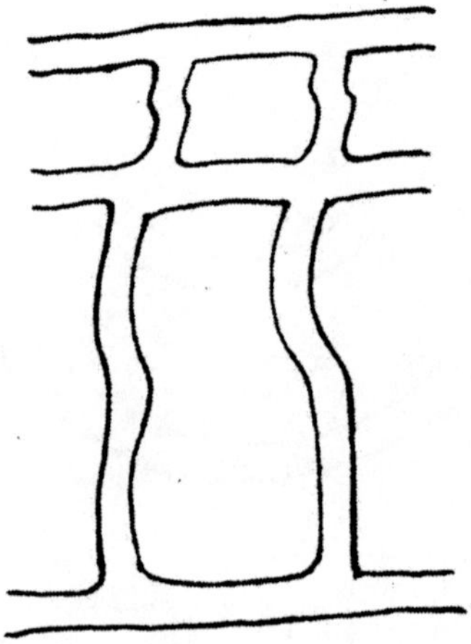

迢迢四水入朝堂。直冲直射不相當。
若還屈曲水回頭。貴上金堦穀萬倉。
其地一圩二、三、十畝、乃吉

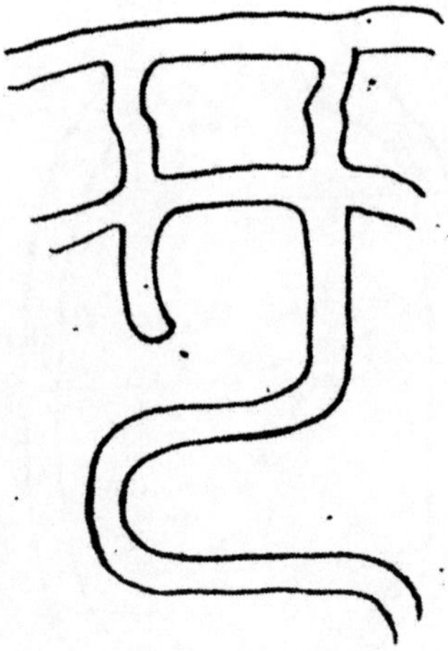

二圖皆有十字斜飛交斂之病我所不取

二水若邊出。不孝兼多疾。

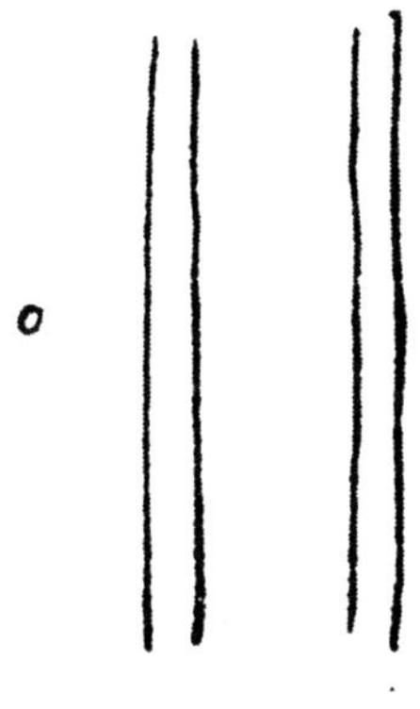

雜論

池沼格

前逢池沼。永為富貴之家。

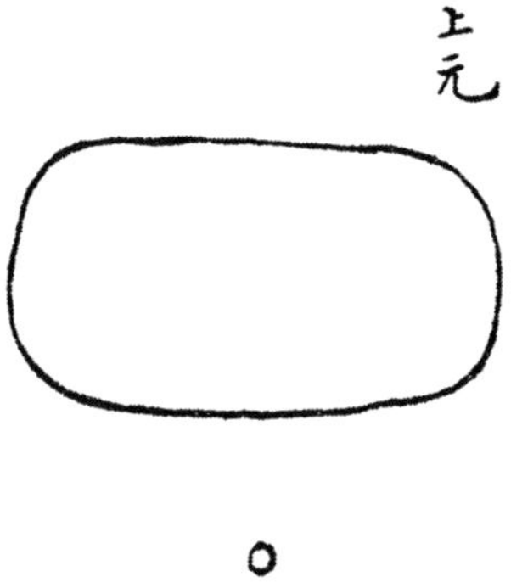

南浜深百尺。西住有千粮。

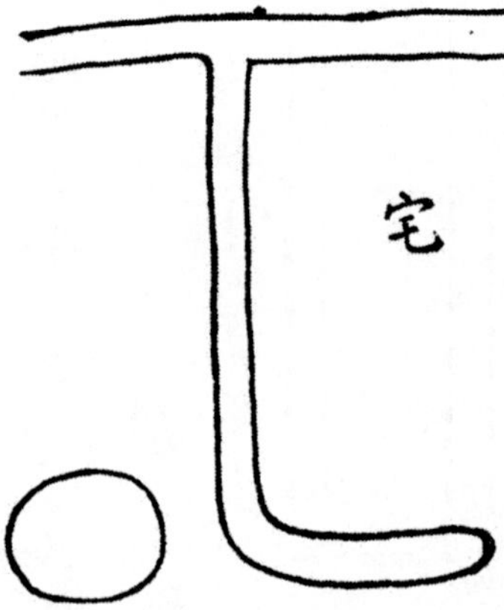

西北池塘近塚邊。子孫不孝叫皇天。

宅後有塘。尔是人財之地。

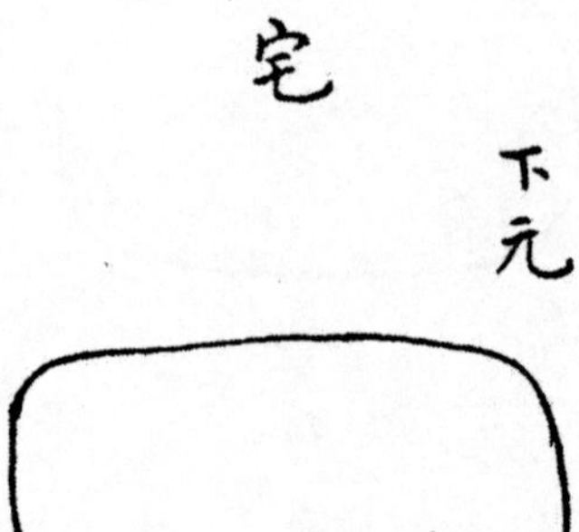

右邊池水應門前。抱穴富庄田。

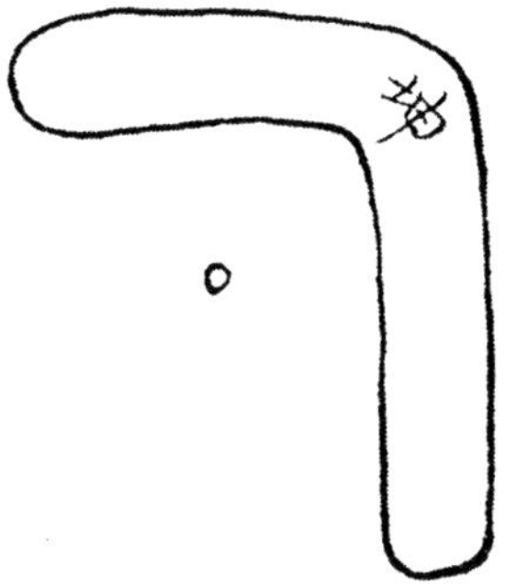

井不分左右南北。近塚。主心腹目痛。在坟後。損子孫。

坟前有水遶蛾眉。蛾眉砂水非佳城。家中女子隨人走。更同僧道有私情。

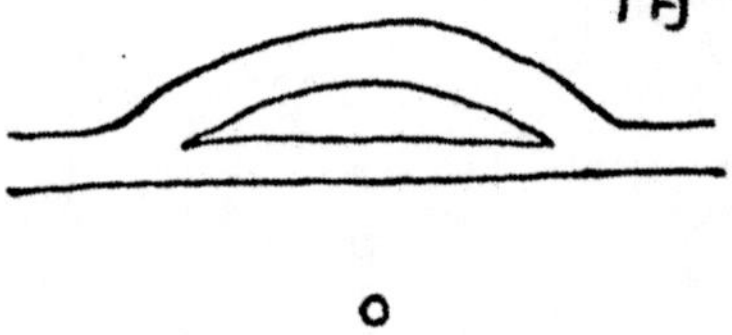

門前橋冲。少死横亡。疾病鰥寡。人口過房。

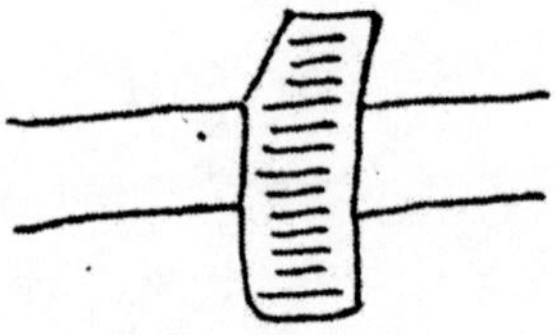

宅

蔣公云只值衰敗之氣耳。若當旺運。反能發福。

右有橋冲。淫敗絕宗。

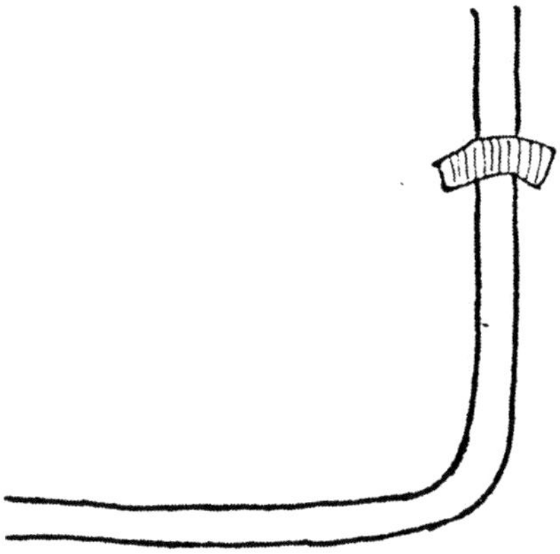

前有橫溝。足疾難瘳。

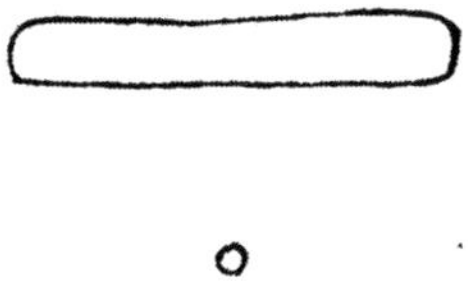

朱雀下堂地且高。此穴安然樂自豪。
更有後河來跳抱。脫却藍衫換紫袍。

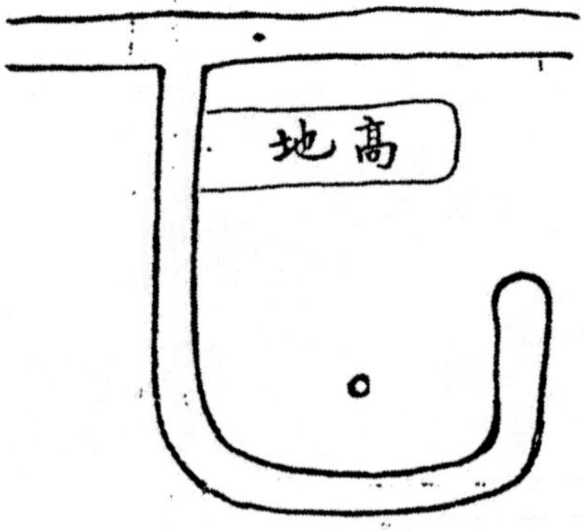

汪云觀詩詞。此是下元局。右水當開至坤上。

前山如木杓。
媳婦抱公脚。

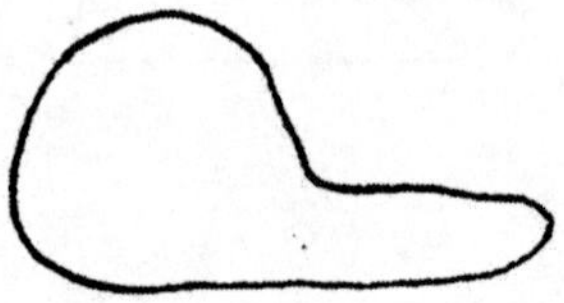

鵞公頭。鴨公頭。女兒媳婦上秦樓。

郭景純水鉗賦 水龍經第三卷

伏龍山人董遇元編

天壤浩渺。三辰顯晦。一氣循環。五行榮悴。江河以流。山岳以峙。暄陽為生。寒陰為死。是以哲人。象天則物。因地察義。氣以載理。磅礴無疆。理萃氣聚。陰谷生陽。地出川岳。天垂斗星。本乎一氣。同情異名。貴穴龍形。列宿耀明。天施順布。地德上承。葭管灰飛。孕懷百靈。鑄以形氣。剖以吉凶。陰陽相禪。五運森聯。舉一遠二。乃術之偏。欲識其地。先觀其天。欲識其形。先觀其玄。禹迹茫茫。哲人大觀。不察其流。孰知其源。滔兮漫衍。疊疊淵淵。乘風而行。予母相授。夫婦交度。剥換蜿蜒。柔和為吉。激射為嫌。指水為水。

孰辨五星。土水厚重。金水圓清。木水挺直。火水飛騰。臨涯跳激。不失其形。金木相攻。變水則比。水火相戰。木旺尤忌。土神生金。最畏逢木。木星帶火。邦家傾覆。趨蓄之位。各有關軸。胞胎環護。生旺聚局。衝尅形傷。災祥迅速。拙師謬誤。誇誕多門。按圖習僞。百無一真。彼以為是。我獨知其杳冥。嗚呼。吉凶本乎消長。五行運乎死生。信耳不如信目。信目不如信心。景純雖死。精神尚存。若乃長江鴨綠。大海無涯。波瀾洶湧。蛟龍夜啼。界之罔極。索之愈疑。雖有曲折。不名逶迤。運啟天鑰。君子勿題。下迨淮泗。江峽漢水。巨脉縱橫。沿洪觸溪。州邑鄉邨。龍神所據。旋垣轉屏。脉隨

秘本

氣聚揚眉遠眺精神來會洲澗洋洋穿江入湖三十六穴景純所圖未晉之間仙音既殂宋唐以來水法虛無青烏石匱發自何年不載他物惟說水鉗此篇龍法紛錯糾纏形雖具陳得魚忘筌

須悟以心生旺起祖清純入穴水纏砂轉蔓若瓜瓞認根識幹認枝識葉山亂勢奔水亂勢結蛛絲浪

隱隱冥冥入土不滅入水不湮上哲辨氣下士辨形形氣俱得殃福自眞視淵若著視漠若喧玄而又玄難以言言古人已歿莫拾糟粕東南華暖西北凜冽雪冰未消湖水易減揆高衡平視生處穴寶鼎烟消虛簷雨歇礦弩發機遊及一節蝦鬚蠏眼立論

紛紜。蓊粘倚撞。化生腦辰。神不傳目。化不傳心。庸師懵懵。五行。不分。既泥羅經。又多謬星。指生為死。鑿凶裂繇。上瀆天垣。下毀地文。靈輝不照。白晝杳昏。幽堂慘慄。已福都傾。嗟夫斯理言之渾渾。聽之悶人。苟非知者。交臂不親。遇元淹脩。草野悲吟。敢昭珍秘。谿吾後人。審運。分元。辨死。辨生。要收生而出煞。須趨吉而避凶。洞徹青囊之秘旨。細玩水龍之妙形。雖曰先賢之淑教。亦視人之秉心。

篇中天施順播地德上承土水厚重金水圓清木水挺直火水飛騰敢昭珍秘谿我後人審運分元辨死辨生欲收生而出煞須趨吉而避凶等語皆深究之所當心著也